Bernd Remmers
Winning Ways

Bernd Remmers

WINNING WAYS

Change-Management in einer nicht perfekten Welt

HANSER

Bibliografische Information der Deutschen Nationalbibliothek
Die Deutsche Nationalbibliothek verzeichnet diese Publikation in der
Deutschen Nationalbibliografie; detaillierte bibliografische Daten
sind im Internet über http://dnb.d-nb.de abrufbar.

Dieses Werk ist urheberrechtlich geschützt.
Alle Rechte, auch die der Übersetzung, des Nachdruckes und der
Vervielfältigung des Buches oder von Teilen daraus, vorbehalten. Kein
Teil des Werkes darf ohne schriftliche Genehmigung des Verlages in
irgendeiner Form (Fotokopie, Mikrofilm oder ein anderes Verfahren),
auch nicht für Zwecke der Unterrichtsgestaltung – mit Ausnahme der in
den §§ 53, 54 URG genannten Sonderfälle –, reproduziert oder unter
Verwendung elektronischer Systeme verarbeitet, vervielfältigt oder
verbreitet werden.

1 2 3 4 5   15 14 13 12 11

© 2011 Carl Hanser Verlag München
Internet: http://www.hanser.de
Lektorat: Martin Janik
Herstellung: Stefanie König
Umschlaggestaltung: Brecherspitz Kommunikation GmbH, München,
www.brecherspitz.com
unter Verwendung einer Fotografie von Corbis
Satz: le-tex publishing services GmbH, Leipzig
Druck und Bindung: Friedrich Pustet, Regensburg
Printed in Germany
ISBN 978-3-446-42547-7

INHALT

1 Editorial 1

2 Abschied von der perfekten Welt 3

3 Abschied von perfekten Lösungen 15

4 Spielregeln in der imperfekten Welt 25

5 Gewinnen in Zeiten der Veränderung –
  Erfolg neu definiert 35

6 SEE – DO – GET
  der Kreislauf des Gewinnens: neu denken und handeln
  in der imperfekten Welt 43

7 SEE – die Faszination des Sehens 51
  SEE I – gemeinsames Grundverständnis prüfen 55
  SEE II – gemeinsames Zukunftsbild gestalten 62
  SEE III – Herausforderungen sehen und Plan B entwickeln 71
  Fazit: Feel it or forget it 79

8 DO – die Kraft des Handelns 83
  DO I – Prioritäten setzen 91
  DO II – Rollenbeiträge klären 102

DO III – organisatorische Energie steigern   107
Fazit: Move it or lose it   113

9 GET – Resultate verbessern   117
GET I – Erfolgsspirale schaffen   122
GET II – schneller von A nach B   131
GET III – dranbleiben und niemals aufgeben   138
Fazit: Win it or fix it   148

10 SEE – DO – GET: Führung als Schlüssel   153

11 Chancen in der imperfekten Welt   159

Anhang   161
Über den Autor   162
Literatur   163

1 EDITORIAL

Anleitung zum Handeln in einer nicht perfekten Welt

Wir leben in einer immer komplexer werdenden Welt. Diese funktioniert nicht wie ein Uhrwerk, das man nur intensiv genug studieren muss, um es in seinen Details zu verstehen. Eine Uhr ist kompliziert, unsere Welt aber komplex – dies ist kein Wortspiel! Komplexe Systeme sind vielfältig vernetzt, und die Art der Vernetzung ändert sich ständig. Deshalb können wir sie nie vollständig begreifen. Wenn wir dies nicht sehen, so unterliegt unser Handeln einer „Logik des Misslingens" (Dietrich Dörner).

Dieses Buch unternimmt den Versuch, Wege im Labyrinth komplexer Systeme aufzuzeigen. Der vorgestellte Ansatz akzeptiert die Komplexität des heutigen Unternehmensumfeldes, die „nicht perfekte Welt". Anhand vieler Beispiele illustriert es ein Denken, das zu unserer Zeit passt. Es leitet Führungskräfte dazu an, den Blick für das Gesamte zu schärfen, Stolpersteine rechtzeitig zu erkennen und flexibel innerhalb von Leitplanken zu handeln. Wer Patentrezepte erwartet, wird allerdings enttäuscht – zu Recht, denn solche gibt es nicht. Deshalb ist dies ein wertvoller Leitfaden für den anspruchsvollen Alltag heutiger Führungskräfte.

Prof. Dr. Peter Gomez, Professor an der Universität
St. Gallen und Verwaltungsratspräsident der SIX Group AG

2 ABSCHIED VON DER PERFEKTEN WELT

Wir leben in Zeiten exponentieller Veränderungen. Diese Veränderungen führen zu unerwarteten Ergebnissen: China ist bald das Land mit der größten Anzahl Englisch sprechender Menschen. Die 25 Prozent der indischen Bevölkerung mit dem höchsten IQ sind eine größere Anzahl Menschen als die gesamte Bevölkerung der USA. Die Anzahl der hochbegabten Kinder (honour kids) in Indien ist damit größer als die Zahl aller Kinder in den USA. Das US Department of Labour schätzt, dass jeder heute Studierende zehn bis vierzehn verschiedene Stellen gehabt haben wird, wenn er 38 Jahre alt sein wird. Schon aktuell arbeitet einer von vier Beschäftigten in den USA seit weniger als einem Jahr bei seinem aktuellen Arbeitgeber. Die englische Sprache hat gegenwärtig etwa 540.000 verschiedene Wörter und damit etwa fünf Mal so viele wie zu Shakespeares Zeiten.

1998 erreichten Google kurz nach dem Start der Website ungefähr 10.000 Suchanfragen täglich, im Juli 2008 wurden von Google täglich etwa 100 Millionen Suchanfragen allein aus Deutschland bearbeitet, 2010 schon geschätzte 150 Millionen. 1984 gab es weltweit 1.000 internetfähige Computer, 1992 war es eine Million und 2008 wurde die Milliardengrenze durchbrochen. Die Menge neuer technischer Erkenntnisse verdoppelt sich etwa alle zwei Jahre. Diese exponentiellen Entwicklungen führen auch bei Unternehmen zu unerwarteten und früher kaum möglichen Ergebnissen: Apple verdient den größten Teil seines Geldes mit Produkten, die es vor fünf Jahren noch nicht einmal gab. Samsung hat Sony in nur zwei Jahren vom ersten Platz der Konsumelektronik verdrängt. Und nicht in London oder in New York, sondern in Brasilien fand 2010 mit einer Transaktionssumme von 52 Milliarden Euro die größte Kapitalerhöhung in der Geschichte des Kapitalismus statt. China löst Deutschland als Exportweltmeister ab, dabei verdrängt es auch gleich noch Japan vom Platz der zweitgrößten Wirtschaft der Welt.

Die Hauptursache für ein derart dynamisches Wachstum und für das Überschreiten von Grenzen ist die rasante Entwicklung unseres gesamten globalen Systems. Bevölkerung, Nahrungsproduktion, Industrieproduktion, Ressourcenverbrauch und mehr nehmen ständig zu – und diese Zunahme folgt dem Muster exponentiellen Wachstums.

 EXPONENTIELLE ENTWICKLUNGEN ZEIGEN ÜBERRASCHENDE MERKMALE:

„Nehmen Sie ein großes Stück dünnen Stoffs und falten Sie es in der Mitte. Dadurch haben Sie seine Dicke verdoppelt. Wenn Sie es nochmals falten, ist es viermal so dick. Falten Sie es noch ein drittes und ein viertes Mal. Jetzt ist es 16-mal so dick wie am Anfang – etwa 1 cm. Wenn Sie dieses Stück Stoff nun weitere 29 Male falten könnten, sodass sich die Dicke insgesamt 33-mal verdoppeln würde, wie dick wäre es Ihrer Meinung nach dann? Weniger als 1 m? Zwischen 1 m und 10 m? Zwischen 10 m und 1 km? Natürlich kann man ein Stück Stoff nicht 33-mal falten.

> Falls man es jedoch könnte, dann wäre das Bündel nun so dick, dass es von Frankfurt bis Boston reichen würde – rund 5400 km."
>
> (Beispiel aus: Booth-Sweeney, L. & Meadows, D.: *The Systems Thinking Playbook*.)

Wir bemühen uns, diese exponentielle Zukunft vorherzusagen und sie dann zu planen. Wir wollen wissen, was uns erwartet. Die Zukunft zu erfahren bedeutet für uns, sie steuern und beherrschen zu können.

Doch das wahre Leben spielt uns dabei leider oft genug einen Streich: Es kommt immer wieder zu gesellschaftlichen, wirtschaftlichen und persönlichen Entwicklungen, die wir so nicht vorhergesehen haben – und meist auch nicht einmal vorhersehen konnten.

Das sind Ereignisse wie die gänzlich ungewollte (Wieder-) Entdeckung Amerikas durch Kolumbus, die unerwartete Entdeckung von Penicillin oder der zunächst unvorhersehbare Siegeszug von mobilen Computern und damit auch der kometenhafte Aufstieg von Microsoft. Dazu zählen ebenso Katastrophen wie die Terrorangriffe vom 11. September 2001, die Finanzkrise im Herbst 2008 oder die Erdbeben, die anschließenden Tsunamis und die unkontrollierbare Reaktorkatastrophe im März 2011 in Japan.

All diese Ereignisse zeigen uns immer wieder, dass die exakte Planung und Beherrschung der Zukunft nicht wirklich möglich ist. Das Zusammenwirken von Zufällen, langfristigen Entwicklungen, spontanen Veränderungen oder vorhandenen, aber nicht tatsächlich erwarteten Risiken übersteigt oft unser Vorstellungs- und Fassungsvermögen.

Nassim Nicholas Taleb, Professor für Risikoforschung in New York, beschreibt in seinem Buch *Der Schwarze Schwan*, wie wir versuchen, die Zukunft durch immer komplexere Methoden zu beherrschen. Das – falsche – Gefühl der Sicherheit und Planbarkeit lässt uns umso hilfloser sein, wenn Risiken und Zufälle dann doch zu Katastrophen führen. Natürlich ist der Jubel besonders groß, wenn es sich um positive Ergebnisse handelt. Dann neigen wir allerdings oft vorschnell dazu, den Erfolg an unsere Fahnen zu heften.

Laut Taleb klammern in die Zukunft gerichtete Entscheidungen meist die Möglichkeit aus, dass es zu einer unerwarteten Entwicklung kommen könnte. Gerade solche Ereignisse, die außerhalb unserer Erwartungen liegen, haben deshalb enorme Auswirkungen. Zwar konstruieren wir im Nachhinein Erklärungen, diese helfen uns aber in anderen zukünftigen Situationen nicht, erfolgreicher zu handeln.

Zur Finanzkrise schrieb Taleb 2002 in seinem Buch *Die Narren des Zufalls*: „Die Globalisierung erweckt den Anschein von Stabilität. Sie erzeugt verheerende Schwarze Schwäne. Die finanzielle Ökologie wurde aufgebläht, es sind gigantische inzestuöse bürokratische Banken entstanden – wenn eine fällt, fallen alle." Gerade diejenigen Experten, die behaupten, Risiken messen zu können, tragen laut Taleb durch das von ihnen erzeugte Gefühl der falschen Sicherheit eine Mitschuld an den Folgen der Katastrophe.

Die meisten Ereignisse, die zu großen Umwälzungen führen, kommen überraschend und können nicht vorhergesagt werden.

Dazu tragen auch menschliche Besonderheiten in der Wahrnehmung und in der Interpretation unserer Umwelt bei. Unsere Urteile beruhen oft auf Fehlurteilen: So zitiert Taleb viele Studien, die beweisen, dass wir als Menschen generell der Tendenz folgen, von der Vergangenheit auf die Zukunft zu schließen. Wir erwarten eine Wiederholung der Ereignisse, eine Regelhaftigkeit. Ein anderer häufiger Denkfehler ist unsere Tendenz, Entwicklungen linear fortzuschreiben. Doch lineares Denken führt angesichts komplexer Umwelten zu Scheinlösungen. Der angestrebte Erfolg stellt sich vielleicht rasch ein, aber nach einiger Zeit zeigen sich die unbeabsichtigten Nebenwirkungen. Besonders gefährlich ist das, wenn Wirkungen und Rückwirkungen sich gegenseitig verstärken. Dann gerät ein solcher Prozess leicht außer Kontrolle.

„Projekte sind vollständig planbar."

„Für Fehler, schlechte Zahlen oder Unzufriedenheit gibt es immer einen Schuldigen."

„Wenn sich ein Unternehmen schlecht entwickelt, dann liegt die Lösung im Austausch des Führungspersonals an der Spitze."

Das sind nur einige wenige populäre Glaubenssätze. Doch erfolgreich werden wir nur dann sein, wenn wir uns von den altbekannten Tatsachen und Sicherheiten verabschieden und auch von den damit verbundenen Glaubenssätzen.

Die Mehrheit von uns lebt in einer Komfortzone. Wir haben uns mit unserem Umfeld arrangiert, wir fühlen uns sicher. Wir haben das gute Gefühl, zukünftige Entwicklungen planen und steuern zu können. Daraus entwickeln sich Gewohnheiten, die unserer Handlungsfreiheit Ketten anlegen. Zu viele und zu stark verankerte Gewohnheiten stehen einer Veränderung im Wege.

„Wenn man 15 Jahre lang Erfolg hat, glaubt man die Regeln zu bestimmen. Man kann sich gar nicht vorstellen, dass jemand daherkommt und einfach die Regeln ändert", so Sebastian Nyström, verantwortlich für Apps und Service bei Nokia.

Konstanz, Planbarkeit, Sicherheit und die Kontinuität von Entwicklungen lieben wir, es sind aber nur selbst fabrizierte Illusionen. Wachstum findet nur dann statt, wenn wir bereit sind, unsere Komfortzone zu verlassen. Es ist beinahe immer schmerzhaft, wenn wir Grenzen überschreiten müssen. Doch nur dadurch machen wir neue Erfahrungen. Neues zu erfahren ist der einzige Weg zu Wachstum und Erfolg. Unsere Welt ist voll von vielen und oft unvorhersehbaren Veränderungen. Neben den üblichen Umstellungsproblemen bieten sie uns vor allem neue Chancen. Nutzen kann diese Chancen jeder, der sie erkennt und die Bereitschaft zur Veränderung hat.

Dennis Snower, der Chef des Kieler Instituts für Weltwirtschaft und der Veranstalter des Global Economic Symposium sieht die Fähigkeit, offen und konstruktiv mit Veränderungen umzugehen, als „Ersatz für das längst uneinlösbar gewordene Versprechen von Stabilität" (Rickens, *Manager Maganzin*). Er kritisiert, dass in Deutschland gerade der Staat es immer noch als seine Pflicht ansehe, Bürger vor Veränderung zu schützen und den Status quo zu wahren. Er rät dazu, stattdessen den Bürger in die Lage zu versetzen, mit Veränderungen fertigzuwerden.

Gewinner denken in Chancen und sind schnell. Wenn es uns gelingt, flexibel zu sein, anders und auf neue Art zu handeln, dann sind wir erfolgreich. Dafür befreien wir uns von den etablierten Gewohnheiten. Die alten Muster sind bequem, machen uns aber unfähig zur Bewegung und zum neuen Denken. Jede Veränderung ist zunächst mit Unsicherheiten und Ängsten verbunden. Diese Schmerzen gilt es zu ertragen. Sich neuen Anforderungen zu stellen und Neues zu erlernen beinhaltet die Bereitschaft, Altes und Liebgewordenes aufzugeben und durch die Anstrengungen einer neuen Erfahrung zu gehen. Unbedingte Voraussetzung für jeden Erfolg ist die Bereitwilligkeit, die Schmerzen einer Veränderung bewusst auf sich zu nehmen.

John Kotter hat Erfolge und Misserfolge in der Umgestaltung von Unternehmen und in der Umsetzung verschiedenster Projekte studiert. Er stellt fest, dass ein erfolgreicher Veränderungsprozess aus acht Phasen besteht:

1. **Die Bedeutung der Veränderung vermitteln**
Kotter stellt fest, dass viele analysierte Unternehmen schon daran gescheitert sind, die Beschäftigten zu informieren und zu motivieren. Er betont die Bedeutung der „kritischen Masse" und fordert, dass 75 Prozent der Führungskräfte von der Bedeutung der Veränderung überzeugt sein müssen.

2. **Eine kraftvolle Koalition schmieden**
Ein Kernteam ist für den Erfolg jedes Projekts entscheidend. Überzeugen Sie einflussreiche Stakeholder von der Bedeutung der Veränderung.

3. **Eine Vision gestalten**
Ein klares Bild von der Zukunft schafft Klarheit über die Richtung, in die es gehen soll.

4. **Die Vision kommunizieren**
Kotter unterstreicht die Bedeutung der Kommunikation in dieser Phase: Schätzen Sie ab, wie viel Kommunikation zur Vermittlung Ihrer Vision nötig ist – und dann multiplizieren Sie dies mit dem Faktor 10.

5. **Empowerment zur Umsetzung**
Ermächtigen und ermutigen Sie alle Mitarbeiter, eigenständig zu handeln, Hindernisse zu beseitigen und neues Terrain zu betreten. Stellen Sie Ressourcen zur Verfügung.

6. **Schnelle Erfolge**
Nachhaltige Veränderung braucht Zeit, Veränderung braucht Schwung. Sorgen Sie für erste Erfolge, schaffen Sie dadurch die benötigte Dynamik und feiern Sie das Erreichte.

7. **Konsolidieren Sie Verbesserungen**
Veränderungen müssen in der Kultur etabliert werden, dieser Prozess braucht Zeit und Wiederholung.

8. **Verankern Sie den neuen Ansatz**
Veränderungen werden zum Bestandteil der Werte, Normen und Regeln des Unternehmens. Erfolge der Veränderung werden herausgestellt.

In einem Interview zu seinem neuen Buch *Buy-in* erzählt Kotter dazu: „Andere für seine guten Ideen zu begeistern ist eines der wichtigsten Talente, es ist eine entscheidende menschliche Fähigkeit ... einige der größten Führungspersönlichkeiten des 20. Jahrhunderts verfügten über das erstaunliche Talent, einfach und klar zu kommunizieren." (eig. Übers.)

Bedingung erfolgreicher Veränderungen ist die Neugestaltung der Wahrnehmungs- und Handlungsmuster im Unternehmen. Es gilt, sich von der Idee der perfekten Welt dauerhaft zu verabschieden – das erfordert die radikale Veränderung unserer Wahrnehmung und die dauerhafte Anpassung unseres Handelns. Ulrich Sieber, der aktuelle Personalvorstand der Commerzbank, sagt dazu: „Die innere Haltung einer Führungskraft zeigt sich darin, wie sie mit Krisen oder Schocks umgeht. ... Turbulente Phasen dürfen nicht als bedrückend wahrgenommen werden, sondern positiv als Herausforderung"(Rickens, *Manager Maganzin*).

Natürlich machen wir Fehler im Veränderungsprozess, wir werden auch Niederlagen erleben. Seien wir radikal ehrlich: Was immer wir tun – in der Summe werden wir vermutlich mehr Niederlagen als Erfolge verzeichnen. Es geht aber gerade in der Niederlage darum, zu lernen und mit der Niederlage konstruktiv umzugehen, weiterzumachen und darum beim nächsten Mal zu gewinnen.

Denn es geht letztlich um das Gewinnen – um Überleben, Erfolg und Wachstum in dynamischen und damit unsicheren, aber auch flexiblen Zeiten. Wenn ich die neuen Chancen und Regeln erkenne und schnell handle, kann ich gewinnen!

Die Kernfragen lauten damit: Wie kann ich meine Ziele schnell und sicher erreichen? Wie kann ich meine Strategie sicher und erfolgreich umsetzen?

Ein zentraler Wert ist Vertrauen. Flexibilität, Schnelligkeit, neue Ansätze sind nur möglich auf der Basis von Vertrauen. Vertrauen in die Energie, Kreativität und das Engagement meiner Partner. Vertrauen ist die Basis für offenes und einfaches Handeln. Nur mit diesem Vertrauen kann ich Komplexität reduzieren und eine neue Dimension von Einfachheit anstreben. Das ist heute und morgen die Aufgabe von Führungskräften:

Einfachheit schafft Klarheit!

Eine starke Organisationskultur ist klar und einfach. Alle Mitarbeiter denken in die gleiche Richtung und arbeiten an gemeinsamen Zielen. Das klare Orientierungssystem schafft Stabilität in Zeiten der Veränderung.

Die Kultur einer Organisation ist durch vier wesentliche Faktoren geprägt:

Prägnanz = klare Orientierungsmuster und Wertehaltungen

Starke Organisationskulturen zeichnen sich durch klare Vorstellungen darüber aus, was erwünscht ist und was nicht. Werte, Standards und Symbolsysteme sind konsistent und umfassend.

Verbreitungsgrad = weite Verbreitung der Kultur

Starke Organisationskulturen werden von einer großen Zahl an Mitarbeitern respektiert.

Verankerungstiefe = wie sehr ist die Kultur Bestandteil des Handelns
Starke Kulturen sind ständiger Maßstab des täglichen Handelns.

Persistenz = Stabilität über die Zeit
Starke Kulturen gelten über längere Zeit hinweg.

Unternehmen wie IKEA, Microsoft, Sparkassen und vor allem Familienunternehmen sind bekannt für ihre stark ausgeprägte Unternehmenskultur, die beispielsweise bei IKEA vom gegenseitigen Duzen (in der Werbung duzt IKEA auch seine Kunden: „Wohnst du noch oder lebst du schon?") bis zu gemeinsamen Ritualen reicht.

Denken Sie bei dem Stichwort Veränderung an das Internet: 2006 wurden pro Monat 3,7 Milliarden Fragen an Google gerichtet, aktuell sind es mehr als 30 Milliarden. Das World Wide Web ist zu einem festen Bestandteil unseres täglichen Lebens geworden. Inzwischen sind wir dabei weit über die Welt von Google hinausgewachsen: Die erste kommerzielle Textnachricht wurde 1992 versandt. Heute werden pro Tag mehr Nachrichten verschickt, als es Menschen auf der ganzen Welt gibt. Im Web 2.0 stellen wir keine Fragen mehr an einen Datenpool, wir sind interaktiv und kreieren unsere eigene Welt. Das Internet hat unser Leben in kurzer Zeit revolutioniert – neuartige Möglichkeiten der Kommunikation geschaffen, ganz andere Formen der Präsentation eröffnet und ungeahnten Zugang zu Informationen geschaffen – von Wikipedia bis zu WikiLeaks.

Vom Stabilitätsanspruch zur Stabilitätsillusion – in Zukunft brauchen wir die Fähigkeit, Veränderungen als normal und positiv zu begreifen. Erfolg verlangt die Bereitschaft, sich schnell zu verändern und immer wieder Neues zu lernen.

Planbarkeit war gestern, exponentielle Veränderungen sind Realität.

Wichtig ist, offen und konstruktiv mit Unsicherheit und Niederlagen umzugehen.

Starke Führung definiert sich über die erfolgreiche Steuerung der emotionalen Ebene.

3 ABSCHIED VON PERFEKTEN LÖSUNGEN

Der Abschied von der perfekten Welt bedeutet gleichzeitig den Verzicht auf perfekte Lösungen. Das tut uns weh. Jeder von uns hat in sich die Sehnsucht nach klaren, einfachen Vorgehensweisen und eindeutigen Erfolgsmustern. Auf diese müssen wir zukünftig bewusst verzichten. Und diesen Verzicht gilt es zu akzeptieren.

Wenn der Verkauf angekurbelt werden soll, geben wir unseren Kunden Rabatte oder wir erhöhen den finanziellen Anreiz für die Vertriebsmannschaft. Wenn die Mitarbeiterbefragung Probleme beim Führungsverhalten aufdeckt, verabreichen wir den Führungskräften ein entsprechendes Training oder wir investieren zusätzlich in die Entwicklung und Implementierung eines Systems „Führen mit Zielen".

Sind diese Maßnahmen erfolgreich, fühlen wir uns in unserem Tun bestätigt. Wir werden es beim nächsten Mal genauso machen. Wenn es sich um ein großes und bekanntes Unternehmen handelt, dann wird daraus vielleicht sogar ein Buch, das *In Search of Excellence* die Erfolgsrezepte beschreibt. (Anzumerken bleibt, dass viele der in solchen Erfolgsbüchern beschriebenen Unternehmen oft schon nach wenigen Jahren nicht mehr erfolgreich oder sogar schon vom Markt verschwunden waren

– denken Sie nur an ATARI, Wang oder NCR aus dem von Tom Peters & Robert H. Waterman verfassten Bestseller *In Search of Excellence*.)

> Rick Chapman stellte nach einer ausführlichen Analyse der im Buch *In Search of Stupidity* beschriebenen Firmen fest: „Mit nur wenigen Ausnahmen ... waren die exzellenten Unternehmen große Firmen mit einer dominierenden Position in reifen oder stabilen Märkten." Und die Auswahl dieser Firmen hatte nicht gerade nach einer wissenschaftlichen Methode stattgefunden, sie war das Ergebnis einer eher anekdotischen Befragung. Tom Peters schilderte den Lösungsweg später so: „Wir befragten eine Reihe von McKinsey-Partnern und andere kluge Leute mit guter Verankerung in der Geschäftswelt: ‚Wer ist besonders? Wer leistet gute Arbeit? Wo finden die wichtigen Entwicklungen statt? Welche Unternehmen sind wirklich erfolgreich?' Dieser direkte Ansatz erbrachte eine Liste mit 62 Unternehmen. Wenn Sie kluge Menschen finden wollen, die Wichtiges tun und von denen Sie die nützlichsten, fortschrittlichsten Dinge lernen wollen, dann machen Sie es wie wir. Um Beweise für die Aussagen kann man sich später kümmern."

Wir lieben solche Erfolgsrezepte, denn sie geben uns Sicherheit in einem eigentlich unsicheren Handlungsumfeld. Was macht uns sicherer als das Vertrauen auf schon einmal erfolgreich Umgesetztes? Vergangene Erfolge sagen – bei Licht betrachtet – leider nur selten etwas über zukünftige Erfolge aus. Das Leben allerdings ist so komplex und kompliziert, dass wir gerne nach den – scheinbaren – Sicherheiten vergangener Erfahrungen greifen. Von den Siegern lernen heißt Siegen lernen! Wenn die Maßnahmen dann nicht greifen, intensivieren wir entweder unsere Bemühungen oder wir trennen uns von dem Verantwortlichen, der seiner Aufgabe in der erfolgreichen Umsetzung todsicherer Maßnahmen erkennbar nicht gewachsen ist.

Alles Leben auf der Erde ist das Produkt unserer Umwelt. Der Körperbau des Delfins bildet die Gesetze der Hydrodynamik perfekt ab und die Zellmembran die Gesetze der Osmose. Ebenso bilden unsere Wahrnehmung und unser Denken intuitiv die *für uns erkennbaren* Regeln unserer Umwelt ab. Unser „gesunder Menschenverstand" geht von einer Reihe eingebauter Voraussetzungen aus. Rupert Riedl beschreibt in seiner *Biologie der Erkenntnis* die Grenzen unserer unmittelbaren Erkenntnismöglichkeiten. Er definiert biologisch voreingestellte Annahmen, die unser Erkennen und Handeln erleichtern, aber genau dadurch eben auch begrenzen:

Die „Hypothese vom anscheinend Wahren" beschreibt unsere Tendenz, nach Regeln und Kausalitäten zu suchen. Menschen fällt es schwer, Zufälle zu erkennen. Wir suchen bei Wahrnehmungen oder Ereignissen nach einer Regel, nach einem inneren Zusammenhang. Ein Beispiel dafür sind die Sternbilder, die natürlich keine reale Entsprechung in der Raumordnung der Sterne haben. Die räumliche Anordnung der entsprechenden Sonnen lässt uns aber zwingend ein Muster erkennen.

Die „Hypothese vom Vergleichbaren" lässt uns erwarten, dass Ähnlichkeiten in einzelnen Merkmalen auch eine allgemeine Konstanz bedeuten. Deswegen erkennen wir beispielsweise eine Katze schon dann, wenn wir nur ihre Ohren sehen. Und deswegen nehmen wir entsprechend angeordnete Striche auf dem Papier als Gestalt wahr, etwa als anscheinend dreidimensionalen Würfel:

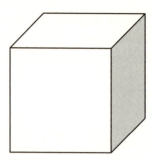

Beim Anblick eines echten Würfels sehen wir genau dieselben Merkmale.

Die „Hypothese von der Ursache" enthält unsere Annahme, dass sich Gleiches in gleicher Weise wiederholen wird und dass ähnliche Ergebnisse identische Ursachen haben. Deswegen wiederholen und intensivieren wir unsere Bemühungen, um ein bestimmtes Ergebnis zu erzielen, wenn wir es in der Vergangenheit auf genau diesem Weg erreicht haben. Darum entwickeln wir unsere eigenen Erfolgsrezepte, an denen wir dann auch gerne festhalten. Oder wir orientieren uns an anderen, um ebenso erfolgreich zu sein. *Steve Job's 12 Rules of Success!, Harvey Mackay's Rules of Success!, Investing Legend Steinhardt's Rules of Success!* und viele andere mehr finden Sie auf jeder Suchmaschine. Wenn es bei denen funktioniert hat, dann müssen wir es doch eigentlich nur genauso machen. Sollte das nicht funktionieren, so machen wir immer noch Fehler. Am Rezept kann es nicht liegen, schließlich hat es bei anderen auch funktioniert. So denken wir. Und darum fällt es uns auch so schwer, gedanklich zurückzutreten und flexibel nach einem neuen Weg zu suchen, wenn der einmal gewählte Lösungsansatz nicht zum Ziel führt.

Auch die Beratungsbranche liebt solche – skalierbaren – Erfolgsrezepte. Beispiele dafür sind Reengineering, Activity Based Management oder Outsourcing als wichtigste Quellen optimierten Handelns. Viele dieser Ansätze wurden flächendeckend an alle wesentlichen Unternehmen einer Branche verkauft, mit viel Energie und Ressourceneinsatz umgesetzt, waren nur begrenzt erfolgreich und sind heute oft vergessen.

 Diese und weitere Begrenzungen unserer Wahrnehmung und unseres Handelns demonstrierte Dietrich Dörner zusammen mit Franz Reither in seinen Versuchsreihen zu „Tanaland", einer recht einfach gestalteten Computersimulation einer afrikanischen Region. Die Teilnehmer an seinen Versuchen hatten die Aufgabe, die Lebensbedingungen der Menschen zu verbessern. Sie konnten beispielsweise die Infrastruktur optimieren, die medizinische Versorgung umgestalten oder die Landwirtschaft beeinflussen. Das Ergebnis war immer gleich: Vielen Teilnehmern (von Studenten bis zu erfahrenen Managern) gelangen zunächst spürbare Verbesserungen. In allen Fällen aber kam es nach einiger Zeit zu verheerenden Katastrophen, immer brach das System zusammen. Die Teilnehmer verbesserten immer sehr zielstrebig einen Bereich, übersahen oder unterschätzten allerdings generell die Wirkungen ihres Handelns auf die anderen Bereiche.

Wir sind an das einfache Ursache-Wirkungs-Denken gewöhnt und orientieren uns damit in unserem Handeln nicht an den komplexen Zusammenhängen und an den kybernetischen Wechselwirkungen innerhalb von und zwischen Systemen.

Die wesentlichen Handlungsfehler in den Dörnerschen Versuchen erkennen wir unschwer in unserem Umfeld, auch in Unternehmen. In der *Logik des Misslingens* schildert Dietrich Dörner typische Fehler. Diese sind:

1. **Mangelhafte Zielerreichung:**
   Missstände werden einzeln und nacheinander abgearbeitet.
2. **Beschränkung auf Ausschnitte aus der Gesamtsituation:**
   Beziehungen zwischen den Elementen eines Systems werden vernachlässigt, die Dynamik bleibt unerkannt.
3. **Einseitige Schwerpunkte:**
   Einzelne Bereiche des Systems werden konsequent bearbeitet, andere Bereiche bleiben jedoch unbeachtet.
4. **Unbeachtete Nebenwirkungen:**
   Maßnahmen zur Verbesserung werden zielstrebig und schnell durchgeführt, Nebenwirkungen allerdings werden nicht analysiert.
5. **Tendenz zur Übersteuerung:**
   Eingriffe werden oft zu intensiv vorgenommen oder bei Schwierigkeiten wird komplett gebremst.
6. **Tendenz zu autoritärem Verhalten:**
   Die Macht, ein System verändern zu können, und der Glaube, es durchschaut zu haben, führen zu häufig zu diktatorischem top-down-orientiertem Verhalten.

Viele dieser Handlungsfehler erkennen wir im Alltagshandeln von Unternehmen. Natürlich sind alle bestrebt, das Richtige zu tun und erfolgreich zu sein. Ausnahmen bestätigen die Regel. Doch die meisten Manager und Berater handeln nach den gängigen Managementtheorien. Und diese Ansätze sind vor Jahrzehnten formuliert worden. Nicht berücksichtigt sind dabei aktuelle wissenschaftliche Erkenntnisse, besonders häufig werden wesentliche Einsichten der Sozial- und Verhaltenswissenschaften ignoriert.

Auch war das wirtschaftliche Umfeld in den Achtziger- und Neunzigerjahren anders. Märkte waren deutlich weniger dynamisch, lokaler und generell von einer geringeren Anzahl an wichtigen Einflussfaktoren bestimmt. Viele aktuell bedeutsame Entwicklungen und Produkte (Nanotechnologie oder Roboter), Unternehmen und Handlungsweisen (Apple und Produkterfolge durch pures Marketing wie bei Red Bull), Staaten und ihre wirtschaftlich bedeutende Bevölkerung (BRIC-Staaten und mehr als eine Milliarde Kunden in Indien) waren noch unbekannt oder unbedeutend. Die Welt war planbarer, die vorherrschende Top-down-Orientierung sicherte schnelle Umsetzung, die Parole war „Planen – entscheiden – anordnen – kontrollieren". In der Welt der Planbarkeit hatten diese Theorien und Systeme ihre Berechtigung und Gültigkeit.

Gängige Managementtheorien geben Anweisungen zum Handeln gemäß diesem Weltbild. Klassische Theorien der Managementlehre fußen auf einem statischen Bild – sie repräsentieren klare Strukturen und lineare Abläufe und somit den festen Glauben an die unbedingte Beherrschbarkeit von Systemen.

 Ein gutes Beispiel ist die Entwicklung der Schweizer Großbanken in den 70er-Jahren: Alle Prognosen wiesen auf konstantes Wachstum hin – und tatsächlich entwickelte sich das Geschäft kontinuierlich positiv. Dadurch entstanden Organisationen – an der Spitze UBS und Credit Suisse –, die in diese stabile Umwelt passten. Die klassische Schweizer (Groß-)Bank war geprägt durch hierarchische Strukturen, Abteilungen mit klar abgegrenzter Verantwortung und einen hierarchisch ausgerichteten Führungsstil: Planung – Entscheidung – Anordnung – Kontrolle der Ausführung. Die Steuerung der Organisation geschah über Ziele, Feststellung der Zielabweichung und Maßnahmen der korrigierenden Steuerung. Denken in Szenarien war die Ausnahme. Die erfolgreiche Karriere in der Bank entsprach der Karriere in der Armee. Hier galten ähnliche Führungsprinzipien und Denkmuster. Das Emporklettern auf der Erfolgsleiter in der Großbank war gleichzusetzen mit der Beförderung

> in der Armee – Banklaufbahn und militärische Laufbahn entsprachen einander weitgehend. Symbole für dieses kontinuierliche Wachstum weit über die Schweiz hinaus waren die in allen Finanzmetropolen entstehenden Wolkenkratzer. Auch in diesen Monumenten der Hochfinanz zeigte sich das innere Bild der Bank: Die Vorstandsetage war ganz oben und von den übrigen Teilen des Unternehmens gut abgegrenzt, Vorstände zeigten sich nur in Ausnahmefällen auf den unteren Etagen, „man" ließ die Mitarbeiter zu sich kommen. Darunter angesiedelt waren die Bereichsleitungen und dann die Abteilungen – alles fein säuberlich voneinander getrennt. Dies war der sichtbare Ausdruck einer wirtschaftlich erfolgreichen Zeit mit klaren Prinzipien und Ordnungsmustern. Diese Strukturen sind heute zu einem Teil des Problems geworden und werden daher in vielen Banken aufgebrochen. Die damalige Wahrnehmung einer perfekten plan- und steuerbaren Welt war der Garant für Aufbau, Wachstum und Stabilität. In der imperfekten Welt gilt es nun, diese verkrusteten Strukturen aus den Köpfen und Herzen der Mitarbeiter zu entfernen und durch wenig verlässliche, aber dafür erfolgreiche Flexibilität zu ersetzen.

Fast alle klassischen Ansätze zum Veränderungsmanagement gehen auf die theoretischen Ansätze aus den 20er- und 30er-Jahren des letzten Jahrhunderts zurück. Experimente zur Leistungssteigerung zeigten, dass Mitarbeiter besser arbeiteten, wenn sie für ihre Arbeit mehr Aufmerksamkeit bekamen. Aus diesen Erkenntnissen leiteten sich viele Modelle zur Organisationsentwicklung ab.

Kurt Lewin beschreibt den Veränderungsprozess in drei Phasen: **Unfreezing** (Erkennen und Stärken des Bedarfs zur Veränderung), **Moving** (Problemlösung) und **Refreezing** (Implementierung der Lösung und Integration in das Gesamtsystem). Dazu werden in der Managementliteratur unterschiedlichste und inhaltlich klar definierte Konzepte wie TQM, Six Sigma oder Kernkompetenzmanagement propagiert. All diese Konzepte wurden sehr gut vermarktet, in vielen Unternehmen umgesetzt und sind heutzutage oft schon wieder vergessen oder durch inhaltlich neue Konzepte ersetzt.

Die Komplexität dieser Antworten ist eben häufig schwierig zu vermitteln und dementsprechend langsam in der Umsetzung. Allein die erforderlichen Schulungen und Zertifizierungen sind oft sehr theoretisch angelegt und damit weit weg vom Transfer in den Arbeitsalltag. Das Input-Output-Verhältnis ist nicht wirtschaftlich. Gewinner sind in der Zukunft Unternehmen, die schneller lernen. Der Erfolgsweg führt vom Off-the-Job- zum On-the-Job-Lernen. Die Qualität und die Schnelligkeit der Umsetzung sind weit wichtiger als die Vermittlung theoretischer Inhalte. Das erfordert ein intelligentes Re-Design der Weiterbildung. Elemente wie Einbindung der Linie, Virtualität oder projektbezogenes Lernen sind essenziell für Schnelligkeit und Erfolg. Das wird gerade in Zukunft der entscheidende Wettbewerbsvorteil erfolgreicher Unternehmen sein.

Wenn schon die Analyse, das Verstehen, die Formulierung und die Vorbereitung der richtigen Umsetzung so viel Aufwand erfordern – wie viel Zeit und Energie bleiben mir dann für die Umsetzung? Werden die Wettbewerber und die Kunden warten, bis ich zur Veränderung bereit bin? Oder werden sie mir schon lange enteilt sein?

Und wie gut kann es mir eigentlich gelingen, ein so komplexes System überhaupt allen Mitarbeitenden zu vermitteln? Wie erfolgreich kann ich dann aber noch in der dauerhaften Umsetzung sein?

Kehren wir zu einem der Beispiele vom Beginn dieses Kapitels zurück. Wenn ich die Führungskultur in einem Unternehmen verändern will, dann gibt es eine Vielzahl von Ansatzpunkten. Der Satz „Der Fisch stinkt vom

Kopf!" formuliert die Sehnsucht der Mitarbeiter nach Vorbildern – an der Spitze des Unternehmens ebenso wie auf der Ebene der Abteilungs- oder Teamleiter.

Nur das wird jedoch kaum ausreichend sein: Ein gut geführtes Unternehmen ist auf den vier entscheidenden Erfolgsachsen gut aufgestellt: Kultur – Strategie – Struktur – Instrumente. Erfolg bedeutet, diese Erfolgsachsen zu erkennen, auf die neuen Ziele auszurichten und zu kommunizieren. Diese Schritte sind elementare Hausaufgaben der Führung.

Wir sind an das einfache Ursache-Wirkungs-Denken gewöhnt.

Darum greifen wir gerne nach einfachen Erfolgsrezepten.

Wir ignorieren damit die komplexen Zusammenhänge und kybernetischen Wechselwirkungen in unserer Umwelt.

4 SPIELREGELN IN DER IMPERFEKTEN WELT

Was sind die Spielregeln in unserer dynamischen und komplexen Umwelt? Wie gewinne ich in dieser imperfekten Welt? Erfolgreiches Handeln verlangt von uns, den ganzen Kontext zu betrachten.

Systemtheoretische Ansätze bieten aktuell die wohl besten Denkmodelle zu diesem Verständnis. Die Systemtheorie ist bemüht, unsere Wahrnehmungs- und Handlungsgrenzen zu überwinden. Sie kann uns helfen, ein Bild unseres Umfelds zu schaffen, das die vorhandene Realität getreuer abbildet und uns bessere Handlungsansätze erkennen lässt.

Einzelne Elemente in unserer Umwelt existieren nie für sich alleine und lassen sich auch nicht allein aus sich heraus begreifen. So ist schon Wasser mehr als die Atome von Sauerstoff und Wasserstoff. Sobald sie zusammenwirken, entsteht eine neue Qualität. Ein Mensch wird sich immer unterschiedlich verhalten, wenn er mit verschiedenen anderen Menschen zusammen ist, sein Verhalten wird zudem beispielsweise vom Kulturkreis und vom Gesellschaftssystem geprägt. Natürlich funktionieren Unternehmen in unterschiedlichen Gesellschafts- und Wirtschaftssystemen verschieden und ebenso selbstverständlich entwickeln Unternehmen ihre eigene Kultur, die das Verhalten der Mitarbeiter wiederum stark beeinflusst.

Das Ganze ist mehr als die Summe seiner Teile: „Systeme" sind Einheiten aus Elementen, die auf der Ebene des Systems über mehr und andere Eigenschaften verfügen, als die bloße Summe der einzelnen Elemente ausmacht. Die Eigenschaften des Systems lassen sich dementsprechend auch nicht aus dem reinen Verständnis der einzelnen Elemente additiv ableiten. Zwischen den einzelnen Elementen und zwischen Gruppen von Elementen kommt es zu Wechselwirkungen. Bereits Veränderungen einzelner Elemente können vollkommen unterschiedliche und kaum vorhersehbare Auswirkungen auf das System haben. Systeme lassen sich wegen der grundsätzlich hohen Komplexität nicht vollständig verstehen und damit auch nicht verlässlich steuern.

Ein klassisches Beispiel zur Illustration dieser Komplexität von Systemen ist die Untersuchung von Räuber-Beute-Systemen. Die Population von Wölfen in der kanadischen Wildnis beispielsweise verändert sich regelmäßig über die Jahre hinweg. Die Ursache nur bei den Wölfen zu suchen führt allerdings in die Irre. Die Anzahl der Wölfe ist abhängig von der Anzahl der vorhandenen Beutetiere. Schwankungen in der Population der Karibus (ihre bevorzugten Beutetiere) beeinflusst mit zeitlicher Verzögerung die Anzahl der Wölfe. Doch auch dieses Bild ist nicht vollständig. Denn es gibt natürlich weitere Systeme, die das Räuber-Beute-System beeinflussen. Beispiele hierfür sind das Wetter (mehr oder weniger Futter für die Karibus) oder die Menschen (Besiedelung von früher ungestörten Lebensräumen oder Veränderungen in der Intensität der Bejagung sowohl von Wölfen als auch von Karibus).

Ein Beispiel für ein komplexes System aus der Wirtschaft ist der Finanzmarkt.

 Auch eine auf den ersten Blick vergleichsweise einfach erscheinende Direktbank, die ausschließlich klassisches Einlagengeschäft und Brokerage betreibt, ist auf den zweiten Blick gleichwohl aus vielen miteinander vernetzten Bausteinen aufgebaut. Sie ist beispielsweise den verschiedenen Einflüssen ihrer Kunden ausgesetzt; sie existiert nicht isoliert von den internationalen Finanzmärkten und hat häufig eine Muttergesellschaft.

Der systemische Denkansatz hilft uns, die Gesamtheit eines Systems zu erkennen. Er macht uns möglich, über die Einzelheiten hinauszuschauen und die Komplexität von Regelprozessen wahrzunehmen. Systemisches Denken bietet uns gerade deswegen gute Ansatzpunkte für erfolgreiches Handeln: Alle Zusammenhänge zu erkennen ist unmöglich, dafür sind Systeme und die wiederum mit ihnen verbundenen anderen Systeme einfach zu komplex. Es müssen aber auch gar nicht alle Zusammenhänge bis in alle Details erkannt werden, um angemessen handeln zu können. Es ist in der Regel ausreichend und erfolgreicher, nach wesentlichen Variablen und Wechselwirkungen Ausschau zu halten und nach der Methode von Versuch und Irrtum verschiedene Möglichkeiten auszuprobieren. Gerade das Wissen darum, dass es nie mehr als ein *Versuch* sein kann, ermutigt mich zu stärker explorativ orientiertem Handeln. Damit erweitert sich das Spektrum der Handlungsmöglichkeiten, und auch die Bereitschaft, verschiedene Optionen auszuprobieren, wird größer. Das Wissen um die letztendlich nicht verstehbare und somit nicht perfekt steuerbare Umwelt kann einen Aufruf zu mehr Flexibilität und Mut zu Neuem bedeuten. Das bedeutet Hochkonjunktur für Chancendenker.

 Inzwischen kennen wir alle den Mann, zu Beginn allerdings wollte ihn niemand ernst nehmen. Als Dietrich Mateschitz in den Neunzigerjahren einen klebrigen Energydrink in einer Dose anbot, winkten alle größeren Getränkevertriebe ab. Niemand glaubte an das Produkt, alle hielten den Preis für zu hoch. Heute wird Red Bull in etwa 160 Ländern verkauft, das Unternehmen ist ein global agierender Konzern mit einem Umsatz von rund vier Milliarden Euro. Gleichzeitig ist Red Bull inzwischen in vielen Bereichen des Sports aktiv – Snowboarding, Air Races, Fußball oder Formel 1. In diese üppigen und erfolgreichen Marketingaktivitäten fließt ein Drittel des Umsatzes – mit großem Erfolg, denn Red Bull wächst und wächst.

Es hilft uns, wenn wir versuchen, die Welt als Ganzes zu verstehen. Frühes Urteilen verstellt leicht den Blick auf die ganze Palette der Möglichkeiten. Wir können lernen, zunächst einfach nur zu schauen und möglichst viele Facetten zu betrachten. Das ist eine Frage der Einstellung: Die Offenheit für andere Blickwinkel versetzt uns in die Lage, mehr und anderes zu sehen. Erst wenn wir uns einen möglichst guten Überblick verschafft haben, sollten wir uns eine Meinung bilden, Ziele setzen und dann konsequent handeln. Gerade auch weil sich viele Parameter ständig verändern, werden wir mit einer frühen festen Meinung niemals richtig liegen. Unser darauf begründetes Handeln wird in die falsche Richtung führen. Das einzig Gewisse ist das Ungewisse. Gewinner sind ständig zur Veränderung bereit.

Richtig verstanden ist erfolgreiche Veränderung mehr als zeitlich befristetes Handeln oder die Umsetzung in einem erfolgreichen Projekt. πάντα ρεϊ („Panta rhei" – „Alles fließt, nichts steht still"), dieser Heraklit zugeschriebene Ausspruch illustriert, dass erfolgreiche Unternehmen sich als Ganzes und in Teilen einer ständigen Veränderung unterziehen müssen, um erfolgreich zu sein. Veränderungsmanagement ist damit eine dauerhafte Aufgabe.

Dies ist einem menschlichen Organismus ähnlich, der sich ja auch dauerhaft verändert. Einige wenige Zellen, wie beispielsweise die Sinneshaarzellen im Ohr, bleiben dauerhaft erhalten. Andere Zellen werden hingegen ständig erneuert. Viele Zellen der Verdauungsorgane erneuern sich innerhalb von ein bis zwei Wochen. So werden Zellen des Dünndarms innerhalb von zwei Tagen, die des Dickdarms in zehn Tagen erneuert. Bei Kindern wird das komplette Knochensystem in ungefähr zehn Jahren ersetzt, beim Erwachsenen sind es hingegen 25 bis 30 Jahre. Unsere Haut braucht ungefähr zwei bis vier Wochen, um sich zu erneuern.

Für die Dynamik von Unternehmen ist es entscheidend, dass sie sich unabhängig von den Anforderungen des Wettbewerbs regelmäßig selbst aufrütteln. Im Lauf der Zeit entstehen abgeschottete Einheiten und Verkapselungen im Unternehmen. Nur regelmäßige Veränderungen und Umstrukturierungen bringen alle dazu, Neues wahrzunehmen, Neues auszuprobieren und insgesamt kreativer zu werden. Veränderungen lockern festgefahrene Gewohnheiten, die mit der Zeit Innovation und Anpassungsfähigkeit behindern. Machtstrukturen werden aufgebrochen und an den aktuellen Erfordernissen orientiert.

Gewinnen werden Sie nie alleine. Gewinnen können Sie immer nur mit einem Team. Erfolgreiche Unternehmen zeichnen sich dadurch aus, dass sie einen harten Kern von Menschen haben, der über lange Zeit hinweg konstant bleibt. Dadurch kann er prägend auf die Strategie und auf das Gesamtunternehmen wirken. Gewinner sammeln diesen Kern überzeugter Menschen um sich. Erfolgreiche Unternehmen sehen so aus: ein harter Kern von veränderungswilligen und veränderungsfähigen Führungskräften und eine leistungsorientierte Kultur. Die wichtigen Personen sind präsent und engagiert. Sie beziehen Position und hängen ihre Fahne für jeden sichtbar aus dem Fenster.

Viele im mittleren Management sehen sich oftmals als Opfer widriger Umstände. Diese Perspektive führt zu einem Gefühl von Kontrollverlust und Hilflosigkeit. Der „Sekundärgewinn" der Opferrolle besteht natürlich darin, dass sich die Verantwortung für die Problemlösung leicht „nach oben" delegieren lässt. Eine solche Haltung ist bequem und erlaubt es, im Fall des Scheiterns über „das Management" oder „die unfähigen Kollegen" zu schimpfen.

Gewinner identifizieren den Bereich ihres Einflusses. Sie definieren Ziele, übernehmen Verantwortung und handeln.

 Das Gelassenheitsgebet beschreibt genau diesen Sachverhalt:

„Gott, gib mir die Gelassenheit, *Dinge hinzunehmen, die ich nicht ändern kann, den* Mut, *Dinge zu ändern, die ich ändern kann, und die* Weisheit, *das eine vom anderen zu unterscheiden."*

(vermutlich vom Theologen Reinhold Niebuhr verfasst)

Erfolgreiche Führungskräfte binden ihre Mitarbeiter ein und erhöhen so nicht nur den Kreis des eigenen Einflusses, sie bringen auch ihre Mitarbeiter in die Gewinnerrolle. Hier zeigt sich die Leadership-Qualität des Einzelnen.

Peterson & Seligman fassen in ihrem Buch *Character strengths and virtues* die wesentlichen Selbstbeschreibungen erfolgreicher Führungskräfte zusammen:

Ich bevorzuge eine Führungsrolle in einer Gruppe.

Ich kann meist beeinflussen, wie meine Gruppe arbeitet.

Ich kann andere häufig dazu bewegen, meinen Empfehlungen zu folgen.

Ich kann anderen oft helfen, besser zu werden.

Ich kann anderen häufig dabei helfen, besser zusammenzuarbeiten.

Menschen bitten mich bei komplexen Problemen häufig um Hilfe.

Menschen wenden sich oft an mich, um Konflikte zu lösen und den Zusammenhalt der Gruppe zu sichern.

Ich bin oft der Sprecher meiner Gruppe.

In sozialen Situationen ergreife ich häufig die Initiative.

In Notfällen übernehme ist meist die Verantwortung.

Zu jedem Erfolg gehören Niederlagen, diese muss ich anerkennen und akzeptieren. Gewinner unterscheiden sich weniger darin, dass Sie nur Erfolge hätten. Ihre besondere Qualität zeigt sich im Umgang mit Niederlagen. Wenn ich feststelle, dass ich statt süßem Obst Zitronen ergattert habe, kann ich daraus immer noch Limonade machen. Das gelingt aber nur mit einer ausgeprägt unternehmerischen Grundhaltung, die mich nicht jammern, sondern handeln lässt. Von Gewinnern kann ich lernen, die Dinge neu und damit anders zu betrachten.

 In der systemischen Therapie beschreibt der Begriff des „Reframing" genau diesen Sachverhalt: Durch die Umdeutung wird einer Situation ein anderer Sinn zugewiesen. Damit wird meine Rolle in der Situation verändert – ich kann vom Opfer zum Handelnden werden.
Der Begriff ist aus der Kunst entlehnt und beschreibt den Sachverhalt, dass die Wahl des Bilderrahmens einen entscheidenden Einfluss darauf hat, wie ein Bild vom Betrachter gesehen wird.

Zu dieser Schöpfung einer neuen Realität gehört auch, sich auf das Wesentliche zu konzentrieren. Unwichtige Handlungen unterlasse ich, nicht relevanten Personen entziehe ich meine Zeit – alle für den Erfolg nicht relevanten Elemente beachte ich nicht weiter. Wir kennen es vom Film: Gedreht werden wesentlich mehr als die Szenen, die am Ende den Weg in die Kinos finden. Indem der Regisseur und der Cutter nur das auswählen, was für das Kunstwerk maßgeblich ist, schaffen Sie eine gute Geschichte. Vieles fällt in den Papierkorb. Ebenso versteht es der gute Bildhauer, von einem Marmorblock all das fortzuschlagen, was nicht wesentlich für den Ausdruck der Skulptur ist. Genauso prüfen Gewinner in ihrem Umfeld permanent alle Elemente darauf, ob sie beim Gewinnen helfen.

SPIELREGELN IN DER IMPERFEKTEN WELT:

Das Chancendenken tritt in den Vordergrund.

Niederlagen sind Durchgangsstationen – akzeptieren und schnell zurück in die Erfolgsspirale.

Unternehmertum und Verantwortung werden auf jeder Ebene gefordert und gefördert.

5 GEWINNEN IN ZEITEN DER VERÄNDERUNG – ERFOLG NEU DEFINIERT

Gewinnen bedeutet, die tradierte Vorstellung von der perfekten Welt durch die Realität der imperfekten Welt zu ersetzen. Wir werden immer nur die Ausschnitte der Wirklichkeit erkennen, die wir fähig oder bereit sind, wahrzunehmen. Diese Ausschnitte versuchen wir dann zu beeinflussen. Unsere bekannten Ordnungssysteme werden durch Globalisierung, unterschiedlich guten Zugang zu Informationen und die stetig zunehmende Geschwindigkeit der Veränderung aufgebrochen. Die stabile Welt wird instabil, ständig entstehen neue Ordnungen. Neue virtuelle und soziale Vernetzungen schaffen neue Regeln und Ordnungsmuster. Der Umbruch vom „Digital Immigrant" zum „Digital Native" wird gerade Realität. Unterschiedliche Welten begegnen sich im World Wide Web.

Imperfekte Welt bedeutet, dass wir nie mehr als einen Ausschnitt der Wirklichkeit wahrnehmen können. Viele Elemente unserer Umwelt konkurrieren darum, in diesem Ausschnitt präsent zu sein. Georg Franck beschreibt diesen Sachverhalt in seiner *Ökonomie der Aufmerksamkeit:* Der Grundgedanke dieses Ansatzes kennzeichnet Aufmerksamkeit als das knappste Gut unserer Zeit. Wir leben in der totalen Informationsgesellschaft und das bedeutet, dass wir von Informationen überschwemmt werden. Schätzungen zufolge enthalten die Ausgaben nur einer Woche der New York Times mehr Informationen als eine Person im 18. Jahrhundert in ihrem ganzen Leben erfahren konnte. Das knappe Gut unserer Informationsgesellschaft ist mithin nicht die Information, sondern die *Aufmerksamkeit*. Begrenzt ist damit nicht die Menge der verfügbaren Informationen, begrenzt ist unsere Kapazität, Informationen auszuwählen und zu verarbeiten. Diese Knappheit der von uns gegebenen Ressource Aufmerksamkeit ist die eine Seite der Ökonomie der Aufmerksamkeit. Die andere Seite ist Aufmerksamkeit anderer für uns und unsere Aktivitäten, die Beachtung, die wir damit bei anderen Menschen finden. Diese Aufmerksamkeit anderer Menschen ist ein ebenso begehrtes wie knappes Gut.

Wie schaffe ich diese Aufmerksamkeit? Beispiele finden wir in der Werbung:
1. Irritieren
2. Informieren
3. Wiederholen und implementieren

Durch Irritation entsteht die Bereitschaft, genau hinzuschauen, durch Information erzeuge ich Aha-Erlebnisse und durch Wiederholung schaffe ich Erinnerungswerte.

 Ein Beispiel für solche – leicht – irritierende Werbung ist die „Dahinter steckt immer ein kluger Kopf"-Kampagne der *FAZ*. In den üblichen Annoncen werden die Prominenten als wichtige Träger der Botschaft gerade herausgestellt. Hier wird durch die Unsichtbarkeit des Gesichts der Person hinter der Zeitung zum genauen Hinschauen aufgefordert. Irritation ist immer mit Erregung

> verbunden und verstärkt so die Aktivierung des Empfängers. Damit wird die Aufmerksamkeit dann auf das Handeln gelenkt. Durch die häufige Wiederholung der Kampagne mit immer wechselnden prominenten Köpfen verankert sich diese und führt letztendlich zur Aktivität – nämlich zum Abonnement der *FAZ*.

Mit meinen Aktivitäten und Aufgaben trete ich also in den Wettstreit mit anderen um die Aufmerksamkeit für meine Ziele und für mein Tun. Den richtigen Weg beschreite ich, wenn ich aus der Komplexität des großen Ganzen heraus einfache Aufgabenstellungen entwickle, die ich dann auch fokussiert bearbeiten kann.

Die möglichst detaillierte Analyse und den intensiven, kosten- und zeitraubenden Versuch, alles zu verstehen, bevor ich handle, ersetze ich durch schnelle und flexible Ausführung: „It's all about execution!" Die Welt verändert sich rasend schnell und ist ungeheuer komplex. Um erfolgreich zu sein, wollen wir mit dem Tempo Schritt halten. Wir wollen schneller von A nach B kommen, und wenn das nicht geht, dann führt unser erfolgreicher Weg vielleicht besser nach C oder nach D. Ganz oben stehen die Forderungen nach Einfachheit und kommunikativer Kompetenz.

Einfachheit ermöglicht schnelles und flexibles Handeln nach der Methode von Versuch und Irrtum. Ich kann rasch erkennen, ob mein Verhalten Wirkung zeigt und ich kann mein Vorgehen ebenso rasch ändern. Fehler werden erkannt und schnell korrigiert. Den Schwerpunkt bilden das Erkennen von Chancen und die nötigen Aktivitäten, um diese Chancen schnell zu nutzen. Dabei helfen mir eine klare Zielorientierung und die Konzentration auf die Umsetzung. Nachdem ich mir einen Überblick verschafft habe und eine klare Entscheidung treffe, konzentriere ich all meine Energien auf die Umsetzung. Aus Fehlern lerne ich für den nächsten Schritt.

Kommunikation hilft den Mitarbeitern, die Situation zu verstehen und die Notwendigkeit zur stetigen Veränderung zu begreifen. Damit können alle dasselbe Verständnis vom Unternehmen entwickeln. Alle Mitarbeitenden wissen, was das Unternehmen will und wie diese Ziele erreicht werden sollen. Dabei gibt es keine Alternativen und keine Kompromisse. Die Teilbeiträge des Einzelnen werden wie Eisenspäne auf den Nordpol ausgerichtet. „Love it or leave it!" ist die Parole.

Erfolgreich werde ich sein, wenn es mir gelingt, die sachliche Thematik mit der emotionalen Ebene zu verbinden. Mitarbeiter wollen informiert und involviert werden, Sie möchten wissen, was vorgeht, und sind meist nur allzu bereit, ihren Beitrag zu leisten. Darum steht die intensive und interaktive Kommunikation ganz oben auf der Liste der wichtigen Handlungsweisen bei der erfolgreichen Umsetzung eines Projekts. Engagement setzt Wissen und Verstehen voraus und abgestimmtes Handeln verlangt den regelmäßigen Austausch. In der Kommunikation ist es darum wichtig, viel Zeit auf das WARUM und genügend Zeit auf das WAS zu verwenden. Mitarbeiter wollen Bescheid wissen. Sie verlangen nach Sinngebung. Gewinnen braucht Begeisterung und Bereitschaft. Gewinnen gelingt darum nur auf der Basis einer freiwilligen Investition in die Zukunft. Das WIE ergibt sich mit der nötigen Flexibilität und dem Vertrauen interaktiv aus dem Zusammenspiel der Kräfte.

Die imperfekte Welt fordert von uns neue Ansätze und Lösungen. Da sich unsere Umwelt schnell und immer wieder ändert, sind Unternehmen aufgefordert, sich beständig zu verändern. Da ist zum einen die Wettbewerbssituation und zum anderen die Notwendigkeit, sich regelmäßig selbst aufzurütteln, um den Erhalt der Dynamik zu sichern. Je mehr Unternehmen diese Anforderungen wahrnehmen und erfüllen, desto leichter wird es, sich auf die schnellen und immerwährenden Veränderungen im Markt und im gesellschaftlichen Umfeld einzustellen.

Westliche Unternehmen sind bisher im indischen Markt wenig erfolgreich. Ihre Programme zielen im Wesentlichen auf neue, hochwertige Produkte und hohe Margen. In Indien leben zwar viele, allerdings nur wenige kaufkräftige Kunden. Kaum jemand kann die hohen Preise für westliche Luxusprodukte bezahlen. In diesem Markt haben indische Unternehmen eine atemberaubende Innovationsgeschwindigkeit entwickelt. Sie bedienen die Millionen Kunden mit mittlerem und niedrigem Einkommen.

Das eklatanteste Beispiel ist vielleicht der Preis für eine Fahrt im Rettungswagen. In den USA kostet eine solche Fahrt 800 US-Dollar, in Indien berechnet die Organisation Emergency Management and Research Institute für die gleiche Leistung 15 US-Dollar. Das Unternehmen versorgt 366 Millionen Menschen mit 11.000 Mitarbeitern und verfügt über eine eigene Forschungsabteilung. Es ist der größte Rettungsdienst der Welt.

C. K. Prahalad (†) beschreibt mit R. A. Mashelkar im *Harvard Business Manager*, nach welchen Prinzipien diese Unternehmen in ihrem Heimatmarkt erfolgreich sind. Sie werden für ihre Kreativität gerühmt, die der indischen Tugend des „jugaad" folgt. Diese besteht darin, Alternativen zu entwickeln, zu improvisieren und den Mangel an Ressourcen mit kreativen Ideen auszugleichen. Darauf bauen die Erfolgsprinzipien auf:

1. GESCHÄFTSMODELLE REVOLUTIONIEREN

So haben indische Unternehmen das Outsourcing am Software-Markt etabliert – gestartet wurde mit niedrigen Kosten für Standardlösungen, inzwischen werden Komplettlösungen für Unternehmen angeboten.

2. VORHANDENE TECHNOLOGIEN UND FÄHIGKEITEN NEU KOMBINIEREN

Die Computational Research Laboratories haben durch den Einsatz von Standardkomponenten in einem völlig neuen Rechnerdesign einen Hochleistungsrechner entwickelt, der Platz 26 der Geschwindigkeitsrangliste einnimmt.

3. KOMPETENZEN EINKAUFEN ODER NEU ENTWICKELN

Das Unternehmen Tata entwickelte das 2000-Dollar-Auto Nano aus Komponenten der Unternehmen Bosch, Johnson Controls, Toyo oder der Madras Rubber Factory. Der eigene Entwicklungsanteil ist eher als gering einzustufen.

Durch Ziele, die mit den vorhandenen Ressourcen und Ansätzen nicht realisierbar sind, werden Manager veranlasst, innovativ und unternehmerisch zu denken. Sie nutzen die vorhandenen Ressourcen auf neue und effiziente Art und Weise und sie verändern die Spielregeln von Grund auf.

Solche Innovationen konzentrieren sich darauf, neue Märkte zu schaffen. Sie haben gute Chancen, sich im globalen Maßstab durchzusetzen.

Aufmerksamkeit ist begrenzt.

Erfolgreiches Handeln bedeutet, Aufmerksamkeit gezielt zu lenken.

Einfachheit und Kommunikation sind die zwei Schlüssel zum Erfolg.

6 SEE – DO – GET
DER KREISLAUF DES GEWINNENS: NEU DENKEN UND HANDELN IN DER IMPERFEKTEN WELT

Gewinnen bedeutet im ersten Schritt, Firmen und Mitarbeiter zu akzeptieren, wie sie sind. Gewinnen ist eine Grundhaltung. Optimisten gewinnen immer. In einem Spiegel-Interview mahnt Karl R. Popper eindringlich: Es ist „unsere Pflicht, Optimist zu sein". Man muss sich auf die Dinge konzentrieren, die gemacht werden sollen und für die man verantwortlich ist.

Erfolge haben eine Struktur: SEE – DO – GET heißt der Kreislauf des Gewinnens. Die übliche lineare Vorgehensweise wird durch ein dynamisches Modell ersetzt. Gleichzeitiges Denken und Handeln werden dadurch auf verschiedenen Ebenen möglich. Dies ist der entscheidende Musterwechsel. Die dreidimensionale Ausrichtung von Denken und Handeln macht es möglich, auch in überraschenden und schwierigen Situationen Souveränität und Autonomie im Denken und Handeln zu behalten. Das gibt die Kraft, Dinge zu bewegen. Ein dynamisches Modell macht es möglich, flexibel und gleichzeitig auf verschiedenen Ebenen zu handeln und an den aktuellen Hebelpunkten anzusetzen. Die eigentlichen Widersprüche zwischen „Visionär" und „Macher" werden aufgehoben, sie vereinen sich in der flexiblen Antwort auf ständig wechselnde Situationen. Es wird möglich, im selben Unternehmen an einer Stelle zu kürzen und an anderer Stelle auszubauen. Ohne Widerspruch. Der Erfolg verlangt es. Eine positive grundlegende Aggressivität sichert mir die fokussierte Umsetzung. Durch eine strategische Positionierung im dreidimensionalen Handlungsmuster und durch entschiedenes Handeln wird Erfolg möglich.

H & M oder Zara haben es geschafft, in einem gesättigten Bekleidungsmarkt erfolgreich zu sein. H & M verkauft seine Mode in 1400 Filialen in 28 Ländern. Erfolg hat H & M vorwiegend durch schnelles Reagieren am Markt und durch niedrige Preise. „Der Erfolg dieser Marken sind ihre niedrigen Preise. Das ist der wichtigste Punkt", sagt Frédéric Monneyron, Soziologieprofessor an der Universität von Perpignan, der sich auf Mode spezialisiert hat. Dass die Haushalte in Europa immer weniger Geld für Kleidung ausgeben, beschert H & M und Zara exponentielle Wachstumsquoten.

 Amancio Ortega, Spaniens reichster Mann, hat in den vergangenen Jahren mit Zara ebenso eine perfekte wie preisgünstige Kopiermaschine geschaffen. Zara spürt Modetrends auf und setzt sie in Rekordzeit um. Damit macht Zara einen Umsatz von ca. 7 Milliarden Euro und hat sogar H & M, überholt. Inzwischen gilt Zara als Modell für ein logistikgetriebenes, globales Unternehmen: „Zara-Läden haben neue Mode schneller im Schaufenster als andere und setzen deswegen mehr um, auch wenn die Produktions- und Logistikkosten höher sind als bei den Konkurrenten, teilweise sogar schneller wachsen als der Umsatz", sagt Alfred Vilanova von der spanischen Managementschule Esade.

Das **Sehen** bestimmt unser **Handeln** – und ist damit der wichtigste Ausgangspunkt für den Erfolg. Das Handeln wiederum bestimmt unsere **Resultate** – darum ist es wichtig, fokussiert, kompromisslos und auf stetige Verbesserung hin orientiert zu handeln. Erfolge erkenne und feiere ich – erfolgreiches Handeln übersetze ich in konstante Muster.

Auf dieser Basis haben wir unseren „Kreislauf des Gewinnens" entwickelt: SEE – DO – GET.

SEE – DO – GET ist eine Anleitung zum dreidimensionalen Denken und Handeln. SEE – DO – GET bedeutet „bewerten – gestalten – handeln". Das sind die drei wichtigen Elemente der erfolgreichen und schnellen Veränderung.

„Tritt zurück und erkenne die Möglichkeiten, die außerhalb deines Umfelds liegen. Tritt heraus und erkenne, was wirklich geschieht. Betrachte Erfahrungen aufmerksam und reflektiere deine Ergebnisse. Außerhalb des Kreises wirst du feststellen, warum eine Sache so und nicht anders passiert."
(Kasimir Malevich, russischer Maler und Designer, 1878–1935)

SEE – DO – GET beschreibt die wesentlichen Dimensionen des Erfolgs:

SEE kennzeichnet das Sehen als Quelle unserer Einstellungen, Erwartungen und Entscheidungen. Als Ergebnis habe ich ein klares Bild und eine gute Bewertung der aktuellen Situation. Ich weiß nun, was zu tun ist.

Wir erkennen die Ausgangslage und identifizieren die wesentlichen Elemente. Auf dieser Basis entwickeln wir unsere Vision von der Zukunft. Um neue und nachhaltige Handlungsmuster zu implementieren, braucht es zunächst eine neue Qualität des Sehens.

„Gewinnen ist nichts, was gelegentlich passiert; Gewinnen ist ein langfristiges Projekt! Du gewinnst nicht zufällig, machst Dinge nicht ab und zu richtig – du machst sie immer richtig! Gewinnen ist eine Eigenschaft genau wie das Verlieren."
(Vince Lombardi, erfolgreicher Fußballtrainer, 1913–1970)

Für den CEO ist diese Ebene zur Steuerung des Unternehmens die wichtigste Aufgabe. Diese Aufgabe ist nicht delegierbar. Ein gemeinsames Grundverständnis und das Alignment über die zukünftige Ausrichtung des Unternehmens und strategischer Projekte sind das Fundament für den Erfolg. Der erfolgreiche CEO schaut gleichzeitig auf die sachliche und auf die emotionale Ebene. In der imperfekten Welt gewinne ich durch die Kombination dieser beiden Dimensionen.

Ralph Lauren hat mehr gesehen als andere: Er stammt aus der Bronx, diente in der Army und arbeitete als Verkäufer bei Brooks Brothers. Nach einem kurzen Intermezzo kaufte er für 50.000 US-Dollar die Rechte an der Marke Polo. 2009 hatte das Unternehmen einen Ertrag von 5 Milliarden US-Dollar. Ralph Lauren ist laut Forbes mit einem Vermögen von 4,6 Milliarden US-Dollar die Nr. 173 unter den reichsten Menschen der Welt.

In der imperfekten Welt gewinne ich durch die Kombination beider Dimensionen. Das bedeutet:
„Feel it or forget it!"

DO bedeutet die Gestaltung des Handelns. Eine tragende Rolle spielt dabei die Kommunikation mit allen Beteiligten und Betroffenen. Die Handlungsebene ist entscheidend für den Erfolg.

Wir konzentrieren uns auf wenige Elemente, wir arbeiten konsequent und gemeinsam auf unsere Ziele hin. Ob und wie die Vision des Unternehmens Wirklichkeit wird, entscheidet sich allein durch das Handeln.

Auf dieser Ebene wird ein erfolgreicher CEO auf das Engagement und die Qualität der Führungskräfte und Mitarbeiter bauen. Die Komplexität des Umfeldes und die Dynamik der Veränderung erfordern unterschiedliches Agieren an verschiedenen Stellen. Mitarbeiter jeder Ebene müssen eigenverantwortlich handeln wollen, können und dürfen. Der Vorstand setzt die Leitplanken, er delegiert die Kompetenzen und vertraut auf seine Teams.

 Berühmt für sein Charisma war Nicolas Hayek. Axel Gloger schrieb in einem Nachruf am 29. Juni 2010 in *Die Welt*: „Wenn der Mann irgendwo auftauchte, spürte jeder: Da kommt einer mit Aura." Er war dafür bekannt, dass er offen war, von seinen Träumen und Hoffnungen sprach – so rührte er die Menschen. Auch als „Patron" war Hayek bei seinen Mitarbeitern äußerst beliebt. Bei all seinen Aktivitäten baute er mehr auf Instinkt und Intelligenz als auf die gängigen Führungsweisheiten. Hayek rettete die Schweizer Uhrenindustrie – von der Swatch-Uhr verkaufte er mehr als 100 Millionen Stück, weitere 18 Klassiker wie Omega, Rado, Tissot und Longines entstaubte er und schuf mit der Swatch-Group den größten Uhrenkonzern der Welt.

In der imperfekten Welt geht es in der Hauptsache um das Handeln. Erfolgreich bin ich, wenn ich Zeit und Energie auf die Handlungsebene lenke. Erfolg zeigt sich in der Konzentration auf die wichtigen Dinge und in der konsequenten Umsetzung. Das bedeutet: „Move it or lose it!"

GET beschreibt den richtigen Umgang mit Resultaten. GET sichert die Kontinuität des Gewinnens. Die Nachhaltigkeit unseres Denkens und Handelns sichert den mittel- und langfristigen Erfolg. Der Weg ist lang und steinig und voller unerwarteter Ereignisse. Darum sind einzelne Erfolge oder Misserfolge von geringer Bedeutung. Ich akzeptiere Abweichungen und Misserfolge, lerne daraus und richte mich sofort neu auf das Ziel aus. Erfolge feiere ich, ich steigere meine emotionale Beteiligung. Ich identifiziere die entscheidenden Fähigkeiten und verbessere sie. Gewinner sind immer im Dialog mit allen Beteiligten. Sie nehmen wahr und geben weiter. Sie geben Feedback und steuern.

 Ein solcher Gewinner ist José Mourinho: 1990 begann er seine Karriere, zunächst als Co-Trainer, seit 2000 als Trainer. Benfica Lissabon, FC Porto, FC Chelsea, Inter Mailand und Real Madrid sind bis heute seine Stationen. Mit seinen Teams hat er zweimal die Champions League und einmal den UEFA-Pokal gewonnen, ebenso eine Vielzahl von jeweils nationalen Titeln. Und das mit Teams voller arroganter selbstbewusster Stars, aus denen er jedoch stets eine erfolgreiche Mannschaft formen konnte.

GET bedeutet Erfolge anzuerkennen, Ausdauer zu zeigen und immer wieder neugierig auf Neues zu sein. Niederlagen sind nur Durchgangsstationen auf dem Weg zum Erfolg. Das heißt: „Win it or fix it!"

SEE – DO – GET ist ein Denk- und Handlungsraster zur Unterstützung und Begleitung strategischer Projekte.

Bei der Entwicklung wurde großer Wert auf die Einfachheit in der Nutzung gelegt. Uns war klar, dass die Kraft der Kommunikation vor allem zur Steuerung der emotionalen Ebene wichtiger ist als weitere sachliche Details oder Methoden. Im Mittelpunkt steht die Umsetzung. Dabei leistet SEE – DO – GET entscheidende Unterstützung. Dieser Ansatz hilft Unternehmen und ihren Mitarbeitern, in unserer imperfekten Welt zu gewinnen. Zukünftig steht das Gewinnen im Vordergrund. Flexibles und entschiedenes Handeln sind wichtiger als die Erfüllung einmal perfektionierter Pläne und ein bloßes Streben nach Exzellenz.

Nehmen Sie sich die Zeit, die Philosophie und die Substanz dieses neuen Ansatzes zu verstehen. Neurowissenschaftliche, psychologische, soziale und technische Erkenntnisse sind in diesen Ansatz eingeflossen. Er verbindet akademisches Wissen und praktische Erfahrung.

SEE – DO – GET besteht aus neun Modulen. Diese Module unterstützen die dynamische Umsetzung von Veränderung in Echtzeit. SEE – DO – GET kann flexibel modular umgesetzt werden. Diese Anwendung macht es möglich, jederzeit an der richtigen Stelle den Hebel anzusetzen. Damit entspricht dieses Modell genau den Spielregeln der imperfekten Welt.

SEE – DO – GET:

SEE liefert ein klares Bild und die Bewertung der Situation.

DO beschreibt die Gestaltung des Handelns.

GET sichert den richtigen Umgang mit Resultaten.

Unser **Sehen** bestimmt unser **Handeln**. Unser Handeln bestimmt unsere **Resultate**.

7 SEE – DIE FASZINATION DES SEHENS

Welche Faszination übt das Projekt aus?
Haben wir ein gemeinsames Grundverständnis?
Wie gehen wir mit Stolpersteinen um?

„Wenn du schnell ans Ziel gelangen willst, gehe langsam." Das Management von Unternehmen geht bei Veränderungen oft zu schnell auf die Handlungsebene. SEE – DO – GET hilft, diesen Fehler zu vermeiden.

Denken Sie an den Handelsriesen Wal-Mart: im Weltmarkt unangefochten und mit großem Abstand vor Carrefour und Metro die Nummer 1. Gemessen am Aktienkurs ist Wal-Mart immer noch eines der wertvollsten Unternehmen der Welt. Wal-Mart beschäftigt alleine in den USA jeweils etwa 500 Mitarbeiter in 3.500 Märkten, das Sortiment umfasst 100.000 Artikel, der Jahresumsatz 2009 betrug 109 Milliarden US-Dollar. Doch bei dem Versuch, den deutschen Markt zu erobern,

> machte Wal-Mart einen grundlegenden Fehler: Sie versuchten, das in den USA erfolgreiche Muster eins zu eins zu übertragen, übersahen jedoch, dass die Kunden andere Erwartungen haben und überhaupt der gesamte Markt anders funktioniert.

Ein anderes Beispiel ist das langjährige und kostspielige Scheitern der Allianz bei dem Versuch, aus einer Versicherung und einer Bank einen Allfinanzkonzern zu schmieden. Dieses teure Experiment endete 2008 mit dem Verkauf der Dresdner Bank an die Commerzbank. In ihrem eigentlichen Geschäft ist die Allianz SE unverändert überaus erfolgreich – nach Umsatz und Marktkapitalisierung ist sie das größte Versicherungsunternehmen der Welt.

Das Sehen ist unser wichtigstes Mittel, uns über die Welt um uns herum zu informieren. Unser Sehen wird Denken – was wir sehen, ist für uns Realität.

Zunächst einmal werden nur elektromagnetische Energien durch die Sinneszellen aufgenommen und ins Gehirn geleitet. Das Gehirn verbindet die Reize mit anderen Wahrnehmungen, Handlungen und Erinnerungen. Auf dieser Basis entsteht ein Bild – das ist dann unsere Wahrnehmung von Gegenständen, Personen oder Situationen. Wahrnehmung ist also mehr als die bloße Eins-zu-eins-Abbildung. Wahrnehmung ist immer eine Interpretation. Durch die Interpretation dieser Reize wird unsere Wahrnehmung zur Wirklichkeit für uns. Die Interpretation findet statt aufgrund erworbener Kenntnisse und Erfahrungen, unserer persönlichen Bedürfnisse und Erwartungen, aufgrund selektiver Wahrnehmung – bestimmte Dinge betrachten wir mit Aufmerksamkeit, andere nehmen wir gar nicht wahr.

Wer sieht und interpretiert, der macht auch Fehler. Das einfachste Beispiel dafür sind optische Täuschungen. Aber auch die weitere Interpretation des Gesehenen kann falsch sein – zum Beispiel aufgrund selektiver Wahrnehmung, früherer Erfahrungen, persönlicher Bedürfnisse und Erwartungen. Wir versuchen, jeder unserer Wahrnehmungen Sinn zu geben. Nur darum erkennen wir in bestimmten Strichen und Farben auf einem zweidimensionalen Papier ein dreidimensionales Bild – nur darum „funktionieren" Zeichnungen oder Fotos. Ebenso ordnen wir unsere Wahrnehmungen in den Kontext unserer Erfahrungen ein. Menschen, die lediglich über wenig Geld verfügen, nehmen Münzen im Vergleich mit einer eher gut situierten Stichprobe als signifikant größer wahr.

Faktoren wie Erfahrungen oder Einstellungen spielen bei der Interpretation unserer Wahrnehmungen eine wichtige Rolle. Sie beeinflussen, ob wir etwas gar nicht, unvollständig oder anders als gegeben sehen.

Von unserer Perspektive hängt ab, wie wir eine Situation wahrnehmen. Eine positive Wahrnehmung macht es uns leichter, nach einer Lösung zu suchen. Situationen offen zu betrachten ermöglicht vielleicht sogar außergewöhnliche Ansätze. Eine negativ geprägte Wahrnehmung erschwert diese Suche, sie engt unser Suchfeld ein und verhindert vielleicht sogar eine Lösung. Eine Hauptaufgabe von Führungskräften ist es darum gerade, immer wieder die eigene Einstellung zu überprüfen. Die Fähigkeit, Situationen neu zu sehen, die Gelassenheit, Neues zuzulassen, und die Souveränität, schnelle Entscheidungen zu treffen, kennzeichnen erfolgreiche Manager.

Unsere Grundneigung besteht darin, im Angesicht von Widerstand unsere Bemühungen zunächst einmal zu intensivieren. Das „Mehr desselben" oder „Try harder" ist unser bevorzugter Verhaltensreflex. Dieses Muster greift besonders dann, wenn wir in der Vergangenheit mit diesem oder einem ähnlichen Verhalten erfolgreich waren. Neue Informationen werden nicht mehr aufgenommen,

Flexibilität geht verloren. „Warum ändern, was bislang gut funktionierte?" „Reculer pour mieux sauter" – einen Schritt zurücktreten, überlegen und einen neuen Anlauf nehmen – ist dahingegen nicht selten die bessere Wahl.

Dietrich Dörner beschreibt die Gefahren im Fortschreiben des Altbekannten. Diese „menschliche Neigung zur Strukturextrapolation" lässt uns Situationen mit bereits bekannten Sachverhalten vergleichen.

BMW behandelte Rover wie ein anderes deutsches Unternehmen – und vergaß dabei die erheblichen kulturellen Unterschiede. Die deutsche Art, erfolgreich Autos zu bauen, funktionierte auf der Insel nicht. Im Jahr 2000 wurde schließlich ein Schlussstrich unter das „Abenteuer Rover" gezogen. Nach Verlusten in Höhe von geschätzten zehn Milliarden Mark trennte sich BMW schließlich von Rover.

Der Ausgangspunkt für eine gute Lösung – und damit für unseren Erfolg – ist die richtige Perspektive. Und das bedeutet häufig einen flexiblen Wechsel. Wenn ich lernen kann, Probleme aus verschiedenen Blickwinkeln zu betrachten, habe ich eine bessere Chance, Lösungen zu finden.

Vom SEE hängt alles ab. Stephen R. Covey schreibt dazu: „Wenn Sie kleine Verbesserungen wollen, konzentrieren Sie sich auf das, was Sie TUN. Wenn Sie große Veränderungen wollen, konzentrieren Sie sich auf das, was Sie SEHEN." Das bedeutet für uns: Schauen wir über das Offensichtliche hinaus, über die bekannten Zahlen, Daten und Fakten!

Der erste Blick folgt oft der Gewohnheit und ist immer nur *eine* Möglichkeit, die Dinge zu sehen. Schon Sherlock Holmes lehrt Watson, dass wir immer viel mehr sehen, als wir bewusst wahrnehmen. In dem Moment, in dem wir mehr sehen wollen, werden wir mehr sehen und andere, völlig neue Perspektiven entwickeln.

Die Kunst des „Cuttens" ist wichtig. Wir wissen aus der Filmindustrie, wie wichtig es ist, alles Überflüssige herauszuschneiden und so das Entscheidende an einer Situation herauszuarbeiten. Daraus ergibt sich ein klares Bild, der Blick für das Wesentliche wird geschärft. Unser Sehen befreien wir von alten Bildern – wir schaffen damit Raum für neue Muster und Spielregeln.

Apple hat wenig von dem erfunden, womit das Unternehmen erfolgreich ist. Weder den MP3-Player noch das Mobiltelefon. Doch Apple war mit der Antwort auf die Frage erfolgreich, wie wir unterwegs Musik hören oder leicht und mobil auf das Internet zugreifen können. Diese andere Sicht der Dinge, der Blick „hinter" die offensichtlichen, bekannten Fakten, ermöglichte es Apple, schon bekannte Produkte neu zu denken. Und damit sensationell erfolgreich zu sein.

SEE ist zunächst einmal Wahrnehmung.
SEE ist dann Interpretation.
SEE ermöglicht neue Perspektiven und Flexibilität.

SEE I – gemeinsames Grundverständnis prüfen

WEITER SO: Welche Ihrer Einstellungen/Haltungen sind es wert, aufrechterhalten zu werden?
STOP: Welche Ihrer Einstellungen/Haltungen wollen Sie über Bord werfen?
START: Welche Einstellungen/Haltungen wollen Sie neu in Ihr Repertoire aufnehmen?

Ausgangspunkt für jede erfolgreiche Veränderung ist ein gemeinsames Grundverständnis. So erkennt das Management die Wichtigkeit der Veränderung in ihrer ganzen Tragweite. Das Bewusstsein für die Dringlichkeit einer Maßnahme wird geschärft. Führungskräfte wissen um die Schwierigkeit, Menschen aus ihrer Komfortzone heraus in Bewegung zu versetzen. Bedingung des Erfolgs ist immer die Schaffung einer kritischen Masse. Schätzungen gehen dahin, dass erfolgreiche Umsetzung davon abhängt, etwa zwei Drittel der Führungskräfte von einer Veränderung zu überzeugen. Sie werden das Projekt unterstützen, sobald sie begreifen, dass das Verharren gefährlicher ist als die – noch unbekannte – Veränderung. So entsteht eine „Readiness for Change" als Grundbedingung für alle weiteren Schritte. In dieser Phase bauen sich die Kraft und die Dynamik auf, die Vorbedingung für eine erfolgreiche Umsetzung sind. Diese Aufgaben können nicht an die Personal- oder Strategieabteilung delegiert werden. Über den Erfolg vor Ort entscheiden die Führungskräfte in der Linie.

Themenrelevante Studien haben ergeben, dass vielen Unternehmen der Einblick in laufende Transformationsprozesse fehlt. Alle Beteiligten sind zufrieden, solange nur die vorgesehenen Aktionen nach Plan durchgeführt werden. Die Gefahr besteht dabei darin, dass die für den dauerhaften Erfolg wesentlichen Veränderungen der Handlungsmuster und der Einstellungen vernachlässigt werden. Somit überleben die eingeführten Veränderungen selten die Zeitspanne des Veränderungsprojekts. Mitarbeiter fallen danach leicht in den alten, gewohnten Rhythmus zurück.

Im ersten Schritt geht es darum, die wesentlichen Erwartungen und Bedürfnisse der Stakeholder eines Projekts zu verstehen. Stakeholder sind all die Personen oder Einheiten, die ein berechtigtes Interesse am Handeln des Unternehmens haben. Das sind natürlich die

Mitarbeiter und die Kunden, die Zulieferer und die Anteilseigner; es sind aber auch staatliche Institutionen wie das Kartellamt oder die Wettbewerber. Sind die Erwartungen der Stakeholder bekannt, ist eine bessere Orientierung möglich. Die „blinden Flecken" der Vergangenheit können identifiziert werden.

> Der „blinde Fleck" ist diejenige Stelle auf der Netzhaut, an der der Sehnerv austritt. Hier fehlen die Sinneszellen. Wir können dort somit nichts wahrnehmen. Da es kein Loch in unserem Gesichtsfeld gibt, muss etwas geschehen, um diese Lücke in unserer Wahrnehmung zu füllen. Der „Trick" des Gehirns besteht darin, den fehlenden Bildteil aus der Wahrnehmung der Umgebung und der Interpolation der Bilder beider Augen zu ergänzen. Gegenstände, die sich genau im Bereich des „blinden Flecks" befinden, können wir nicht wahrnehmen.

Wie beim „blinden Fleck" können wir bestimmte Teile unseres Umfeldes einfach nicht wahrnehmen. Diese können sogar für andere offensichtlich sein, nur wir können sie nicht erkennen. Eine Ursache liegt darin, dass wir bestimmten Meinungen oder Perspektiven verhaftet sind. Hier sind nur einige Beispiele für die Aussagen zu Ihrer Zeit hochgeschätzter Experten:

„Maschinen, die schwerer sind als Luft, können unmöglich fliegen."

„In Deutschland werden nie mehr als eintausend Autos fahren. So viele Chauffeure gibt es gar nicht."

„Es gibt einen Weltmarkt für höchstens fünf Computer."

„In der Erde nach Öl bohren? Was für ein Blödsinn."

> Das kann unmöglich funktionieren!", waren sich auch alle einig, als Jimmy Wales vor Jahren mit einer bahnbrechenden Idee an die Öffentlichkeit trat. Seine Idee war ein Lexikon, das von den Lesern selbst geschrieben werden sollte. Inzwischen ist Wikipedia eines der meistgenutzten Internetprodukte.

Was bedeutet ein Perspektivenwechsel für Ihr unternehmerisches Handeln? Wann haben Sie zum letzten Mal bewusst versucht, Ihr Handeln aus einer anderen Perspektive zu betrachten?

Nehmen wir uns also Zeit für das Reframing. Zeit für eine Analyse des Istzustands – in unserem unmittelbaren Umfeld und an den Schnittstellen. Wo stehen wir? Wie nehmen die Mitarbeiter oder andere relevante Gruppen unseren aktuellen Status wahr? Sind die Ziele bekannt und werden sie von allen geteilt? Lassen wir auch unbequeme Meinungen zu? Gerade diese können für unsere weitere Entwicklung sehr nützlich sein.

Auf der Basis dieser Erkenntnisse kann ein realistisches Bild der aktuellen Situation und der Akteure gewonnen werden. Und diese Ergebnisse unterstützen die Gestaltung und Steuerung der Veränderung.

Das bewusste und offene Hinschauen hilft mir, die tatsächliche Situation zu erkennen. Und dies erst schafft die Voraussetzung für Neues und damit für erfolgreiche Veränderung.

Auch aus dem Projektmanagement wissen wir um die Bedeutung der sorgfältigen Analyse und Planung. Aus einschlägigen Analysen durchgeführter Projekte wissen wir, dass ca. 80–90 % aller Fehler in der Planungsphase begründet sind. Fehler in der Definition der Aufgabenstellung, Fehler in der Abstimmung, fehlerhafte Einschätzung der Risiken, die mangelnde Bereitschaft, Probleme wahrzunehmen und einzuplanen – all das wird in der Umsetzungsphase zu Stolpersteinen.

Strategische Themen brauchen ihren Platz. Alle Tage sind immer stark mit Aktivitäten ausgefüllt. Und dabei brauche ich doch Raum zum Nachdenken über Ziele, zur Definition der Strategie und zur Gestaltung des Handelns. Operative Hektik verstellt oft den Blick auf die Dinge, die über das Tagesgeschäft hinausreichen. Einen erfolgreichen CEO zeichnen gerade qualitative Zeiten zur bewussten Reflexion aus. Denn die für den Erfolg wichtigen Muster- und Einstellungswechsel sind zu erkennen. Gerade die Perspektiven von Management und Mitarbeitern unterscheiden sich jedoch häufig. Für das Management stehen wichtige Themen im Vordergrund: Wachstum, kritische Unternehmensgröße, Ertragssteigerung, Kostenoptimierung, Synergiepotenziale, Steigerung der Marktanteile, Bereinigung des Portfolios, Eintritt in neue Märkte etc. Die Mitarbeiter, in den meisten Unternehmen die Mehrheit, hingegen stellen sehr persönliche Überlegungen an: Was kommt Neues auf mich zu, was bedeuten Einsparungen für mich, wie entwickelt sich meine Stelle, mein Gehalt? Können wir unseren gewohnten Abteilungsausflug machen? Den Mitarbeitern und ihrer Befindlichkeit genügend Aufmerksamkeit zu schenken ist gerade in Phasen der Veränderung von besonderer Bedeutung.

Gewinner wissen, wo sie stehen, und passen den Einsatz ihrer Mittel entsprechend an. Der Begriff der Hebelwirkung beschreibt die Möglichkeit, mit scheinbar geringem Einsatz von Kraft große Wirkungen zu erzielen. Denn: Ressourcen sind nie in ausreichendem Maße vorhanden. Doch Gewinner akzeptieren das und suchen nach Ansatzpunkten statt nach Ausflüchten oder Rechtfertigungen. Die Frage nach mehr Menschen, Mitteln oder Finanzen stellen sie genauso wenig, wie sie Bankrotterklärungen abgeben oder Schuldzuweisungen vornehmen. Sie suchen nach Auswegen, Alternativen – nach Lösungen. Ihr Verhalten lässt sich mit dem Nike-Slogan „Just Do It!" beschreiben. Sie setzen ihre begrenzten Mittel zielorientiert und ökonomisch ein. Dabei orientieren sich ihre Prioritäten an den Bedürfnissen ihrer Stakeholder.

Nur Flexibilität bringt uns weiter. Die Rezepte von gestern sind nicht der Weg zum Erfolg von morgen und die Erfolgsgeheimnisse anderer Unternehmen sind oft wenig tauglich für mein Projekt. Wir wissen, dass ein kurzes Innehalten und ein neuer Blickwinkel ungeahnte Perspektiven eröffnen können – mehr als das sture Festhalten am immer Gleichen. Es lohnt sich, die Gegenwart anhand einer Auswahl geeigneter Methoden neu zu bewerten.

Gewinner nutzen diesen Perspektivenwechsel, um sich bewusst außerhalb der gegenwärtigen Dimensionen aufzustellen. Aus der Distanz sehen wir mehr und dadurch oft besser. Wir erkennen die Möglichkeiten, die über unser direktes Umfeld hinausreichen.

 Ein gutes Beispiel dafür sind Bilder, beispielsweise die der Impressionisten. Wenn Sie dicht vor dem Bild stehen, sehen Sie häufig nicht mehr als viele bunte Punkte oder verschmierte Farbkleckse – nur aus einer gewissen Entfernung wird daraus die „Impression, soleil levant" von Claude Monet oder der „Bal du moulin de la Galette" von Pierre-Auguste Renoir.

Gerade in den zahlreichen Partnerschaften und Kooperationen, die ein Unternehmen heutzutage meist unterhält, entstehen leicht Reibungsverluste durch die Unterschiede in den Erwartungen und Zielen beider Seiten. Erst ein besseres gegenseitiges Verständnis schafft die Grundlage für ein besseres gemeinsames Handeln – ständig flexibel angepasst an die sich permanent verändernde Umwelt.

In diesem ersten Schritt schaffen wir uns mit dem gemeinsamen Grundverständnis die Plattform, um den Blick auf Gegenwärtiges zu schärfen. Wir überprüfen unser Denken und Handeln in Bezug auf unsere wichtigsten Stakeholder. Wir stellen fest, inwieweit unser Handeln den Anforderungen entspricht und wo Änderungen erforderlich sind.

Ein guter Start kann ein Befindlichkeits-Puls-Check sein. Dazu haben wir das Online-Instrument „A to B Profile" entwickelt. Es bringt Antworten auf die Frage: „Wie komme ich schneller von A nach B?" Damit lassen sich die emotionalen Erfolgsfaktoren in Bezug auf Einstellung, Erwartung und Befindlichkeit schnell und bewährt messen. Der Nutzer sieht in einer klaren Ergebnisgrafik, welche Hebelpunkte Priorität haben. Zusätzlich geeignete Werkzeuge sind Open-Space-Prozesse oder virtuelle Foren.

Wir erfahren so, wo wir den Hebel ansetzen können, um durchgreifende Veränderungen von Einstellungen und Verhalten zu bewirken. Wir werden erfahren, ob zwischen den Zielen, dem operativen Handeln der Mitarbeiter und ihren Einstellungen Lücken zu schließen sind. Scheitern ist häufiger an mangelnde Identifikation und mangelnden Einsatz geknüpft als an sachliche Probleme in der Umsetzung. Darum ist es für uns von besonderer Bedeutung, ein klares Bild zu gewinnen.

SEE BEDEUTET IN DIESER PHASE:

- Starkes Gegenwartsbewusstsein
- Realistischer Blick auf gegebene Ressourcen
- Zeit für strategische Themen

SEE II – gemeinsames Zukunftsbild gestalten

Welches Bild haben Sie vom Erfolg Ihres Projekts?
Wer ist wichtig, um dieses Bild zu realisieren?
Wie holen Sie die Stakeholder an Bord?

In SEE I schaffen wir die Offenheit für die Veränderung. Das Commitment der Schlüsselpersonen ist da. Jetzt ist es wichtig, ein gemeinsames Bild vom Ergebnis der Veränderung zu haben. Denn Zukunft geschieht nicht einfach. Eine Richtung für unser Handeln finden wir nur, wenn wir uns das Ergebnis auch vorstellen können. Visionen bewegen Menschen. Wir können nur das realisieren, was wir auch vor unserem geistigen Auge sehen.

Alle erfolgreichen Unternehmen werden von einer starken übergeordneten Idee getragen. Diese Vision kann dann erfolgreich umgesetzt werden, wenn dieses Zukunftsbild allen vertraut ist und von allen unterstützt wird. Die Fähigkeit, ein solches Zukunftsbild zu gestalten und als gemeinsames Bild in das Tagesgeschäft zu übersetzen, verschafft den entscheidenden Wettbewerbsvorteil. Ein Bild sagt mehr als tausend Worte!

„Denn wenn mein Bild stark ist, wird es sich wie ein Samenkorn entwickeln" ... „Wo hast Du schon einen Drang zum Meere gesehen, der sich nicht in ein Schiff verwandelt hätte?"
Antoine de Saint-Exupéry, *Die Stadt in der Wüste*

So wird das Zukunftsbild faszinierend-lebendiger Bestandteil des Tagesgeschäfts. Mitarbeiter lernen, ihre Aktivitäten an den Inhalten der Vision zu orientieren. Nichts beflügelt uns stärker als der feste Glaube an das Gelingen unserer Pläne. Eine klar formulierte Vision unterstützt und verstärkt unser Engagement.

 Nelson Mandela wurde 1990 nach jahrzehntelanger Haft auf Robben Island freigelassen, vier Jahre nach dem Ende der Apartheid wurde er als erster Schwarzer zum Präsidenten von Südafrika gewählt. Als eines seiner Symbole zur Überwindung der tiefen Kluft zwischen Schwarz und Weiß wählte er die südafrikanische Rugby-Union-Nationalmannschaft, die Springboks. Das verwunderte umso mehr, als Rugby der Volkssport der Buren war und vor allem als Symbol der weißen Herrschaft galt. Mandela setzte sich persönlich für die Mannschaft ein und motivierte sie, durch Südafrika zu reisen und überall den Kontakt mit der Bevölkerung zu suchen. Er besuchte die Spiele der Mannschaft und zeigte sich im Trikot der Springboks. Seine Bemühungen wurden gekrönt, als die Springboks im Finale der Weltmeisterschaft gegen die All Blacks aus Neuseeland gewannen. Mandela konnte den Pokal am 24. Juni 1995 selbst an den Mannschaftskapitän François Pienaar überreichen.

Die Aufgabe des Managements besteht darin, die notwendige Dynamik zu entwickeln, um den Abstand zwischen der Vision und der noch gültigen Alltagswirklichkeit zu überbrücken. Gute Führungskräfte schließen die Lücke zwischen Vision und Wirklichkeit. Zwischen dem Anspruch und der Wirklichkeit besteht immer ein Spannungsfeld. Dieses gilt es produktiv zu managen.

Ein starkes Zukunftsbild und Optimismus sind offenbar eine kontrollierte Form des Größenwahns. Nur so können wir viele unserer Projekte beginnen. Mattias Jerusalem, Psychologe an der Berliner Humboldt-Universität: „Eine gewisse Selbstüberschätzung hilft, uns weiterzuentwickeln. Wir mobilisieren all unsere Kräfte und wachsen so in das hinein, was wir uns vorgenommen haben."

Virgin-Chef und Milliardär Richard Branson hat solche Visionen. Er träumt davon, Menschen ins Weltall zu schicken. Im Oktober 2010 weihte er in der Wüste von New Mexico die Startbahn für die erste Touristen-Raumfähre der Welt ein. Und Branson träumt noch einen Schritt weiter: Er gab sich zuversichtlich, eines Tages ein Hotel im Weltall bauen zu können und auch seine Eltern als Touristen mit ins All zu nehmen. Und das von einem Mann, der auf der Mittelschule große Probleme wegen seiner Legasthenie hatte und die Schule ohne Abschluss verließ.
So weit können Träume tragen!

Die *Blue Ocean Strategy* von W. Chan Kim und Renée Mauborgne beschreibt eine Methode zur Entwicklung nachhaltig profitabler Geschäftsmodelle aus dem Bereich des strategischen Marketings. Grundgedanke der Methodik ist die Entwicklung innovativer, neuer Märkte, die der breiten Masse der Kunden und Nichtkunden wirklich differenzierenden und relevanten Nutzen bieten (sog. „Blue Oceans"). Der Begriff „Blue Ocean" beschreibt dabei Märkte, die wenig oder keinen Wettbewerb aufweisen. Das Gegenteil sind „Red Oceans", gesättigte Märkte mit harter Konkurrenz. Erfolgreiche Unternehmen, die der *Blue Ocean Strategy* folgen, suchen und finden eigene und neue Wege. Erfolgreiche Innovationen sind dabei keineswegs immer technologische Neuerungen, sie bestehen häufig aus einer neuartigen Gestaltung des Angebots. Impulse zu dieser neuen Gestaltung kommen aus den Antworten auf vier wesentliche Fragen: (1) Eliminierung: Welche Faktoren müssen oder können weggelassen werden? Sind die Kunden bereit, auf einzelne Elemente des Angebots zu verzichten? (2) Reduzierung: Was kann radikal gekürzt werden? Eine einfache Gestaltung kann die Kosten erheblich senken und die Bedienung wird dadurch einfacher. (3) Steigerung: Welche Elemente des Produkts müssen verbessert werden – über den Branchenstandard hinaus? (4) Kreierung: Welche Komponenten eines Produkts müssen neu erfunden werden?

Ein Beispiel dafür ist IKEA: Die Möbel sind anders – einfacher und weniger stabil, der Kunde baut die Möbel selbst zusammen – dafür hat IKEA die ultraflachen Pakete erfunden –, alles ist dafür deutlich preiswerter. Und die meisten Kunden geben im Möbelhaus IKEA deutlich mehr Geld für Accessoires als für Möbel aus.

Gewinner halten an ihren Visionen fest, sie bleiben zielorientiert und lassen sich auch von unvorhergesehenen Herausforderungen nicht vom Kurs abbringen. In jedem Golfspiel gibt es Schläge, die nicht am geplanten Ort landen. Liegt der Ball nun im Rough, so kann es nur weitergehen, wenn der Spieler sich auf das nächste Loch konzentriert. Er muss natürlich realisieren, dass der Ball schlecht liegt. Weiter geht es aber nur, wenn er das Ziel im Auge behält und sich konsequent daran orientiert, wie es von dort aus weitergeht. Welchen Schläger braucht er? Wie ist der richtige Schlag? Der Golfspieler wird dann siegen können, wenn er seinem Ziel treu bleibt.

Jedes Unternehmen hat eine spezifische Kultur. Es verfügt immer über eine Reihe von Werten, Normen und Regeln. Eine besondere Rolle spielen die informellen Regeln. Sie steuern intern das adäquate und das unerwünschte Verhalten, oft mehr noch als die formalen Regeln. Veränderungen in der Unternehmenskultur sind die notwendige Voraussetzung, um ein Unternehmen zu formen. Machen Sie sich Ihre Werte bewusst: Was wollen Sie tun? Wie wollen Sie es tun? Warum wird es auf diese Art und Weise getan? Stellen Sie überkommene Regeln auch dann einmal infrage, wenn sie aktuell durchaus erfolgreich arbeiten. Für eine glänzende Zukunft wollen Sie anders agieren. Akzeptieren Sie keine unreflektiert übernommenen Werte und tradierten Wege, sprechen Sie diese aus und fragen Sie: „Warum ist das so? – Hilft es uns, erfolgreich zu sein?" Machen Sie die Kultur Ihres Unternehmens zu einer Winning Culture!

Erfolgreiche Führungskräfte suchen die interne Öffentlichkeit. Sie schätzen die entscheidende Bedeutung der Kommunikation für den Erfolg richtig ein. Auch organisationswissenschaftliche Studien zeigen uns, dass mehr als ein Drittel der Unternehmensleistung von der persönlichen Zufriedenheit der Mitarbeiter abhängt und diese wiederum zum größten Teil von den Führungsqualitäten der Vorgesetzten.

Diese Erkenntnisse formulierte der Brite Richard Barrett in seinem bereits 1998 erschienenen Buch *Liberating the Corporate Soul* als eindeutige Forderung. Wer nun sagt, in Buchform gäbe es viele Managementweisheiten wie die von Barrett, der hat sicher recht – und unterschätzt damit zugleich dessen weitreichende Bedeutung: Richard Barrett arbeitete viele Jahre für die Weltbank als Ingenieur und sein kleines Buch über die Sinnsuche im Management hatte international so großen Erfolg, dass ihn die Weltbank daraufhin zu ihrem Koordinator

> für Grundwerte machte. So schrieb Barrett: „Nachhaltige Motivation, die sowohl Leidenschaft, Engagement als auch Enthusiasmus auslösen soll, muss geistige wie emotionale Bereiche des Mitarbeiters ansprechen. Geben Sie Ihren Mitarbeitern ausreichend Möglichkeiten, zu wachsen und sich dabei zu entfalten! Gezieltes Lernen und neue Erfahrungen schaffen ein Gefühl von Wertschätzung und Reichtum, welches keine Bonuszahlung – und sei sie noch so üppig – kompensieren kann. Der Einzelne fühlt sich ermutigt im Sinne eigenverantwortlichen Handelns. Einbindung fördert Engagement."

Klingt gut. Hört man auch öfter. Wie aber gelingt diese Einbindung? Wie erreicht man die emotionalen und geistigen Bereiche des Mitarbeiters? Was muss der Manager tun, der Barrett beim Wort nehmen will? Ganz einfach: Sprechen Sie! Mit den Mitarbeitern, zu den Mitarbeitern, vor den Mitarbeitern. Mit Ihren eigenen Worten. Bewegen Sie Menschen mit dem Glaubwürdigsten, was Sie haben: mit Ihren eigenen Worten.

Gerade in Zeiten der Veränderung gilt es, mit den Mitarbeitern und anderen wichtigen Stakeholdern so intensiv wie nur möglich zu sprechen. Zeigen Sie durch Ihre Kommunikation Ihr Interesse. Unterstreichen Sie Ihre Kompetenz zur Problemlösung. Wenn Führungskräfte persönliches Engagement in wichtigen Themen zeigen, gewinnen sie erheblich an Glaubwürdigkeit. Die Aufgabe des CEO besteht darin, das Wörterbuch des Unternehmens neu zu schreiben. Schaffen Sie ein einfaches und klares Vokabular mit eindeutigen Aussagen zur Veränderung. Eine Winning Culture zeichnet sich durch ein einheitliches Verständnis aller wichtigen Begriffe auf allen Stufen des Unternehmens aus.

Die wichtigste Aufgabe besteht darin, sicherzustellen, dass *alle* wichtigen Beteiligten jederzeit das – begründete – Gefühl haben können, auf dem Laufenden zu sein. Erfolgreiche Veränderung lebt von der Kommunikation.

Der Schriftsteller Arthur Koestler bemerkte dazu: „Worte sind Luft, aber die Luft wird zum Wind, und der Wind macht die Schiffe segeln."

Dass Worte auch zu einem regelrechten Orkan werden können, erfuhr Gerhard Rupprecht, Deutschland-Chef der Allianz, Ende Juni 2006 in Köln auf einer Betriebsversammlung. Seine Worte „Die Kölner Zweigniederlassung wird geschlossen" lösten einen Tumult der Mitarbeiter aus mit Zwischenrufen und schrillen Pfiffen. Rupprecht reagierte entsprechend: „Er redete 18 Minuten. Dann war er einfach weg", gab eine langjährige Mitarbeiterin den Journalisten zu Protokoll. „Eine Frechheit war seine Rede, ohne jede Wertschätzung für uns Beschäftigte." Andere Allianz-Mitarbeiter bekundeten Ähnliches: Rupprechts Auftritt und seine Worte seien „völlig emotionslos und blutleer" gewesen. Dabei ist gerade vor der internen Öffentlichkeit die Rede ein klassisches Führungsinstrument. Eine Rede gibt eine Richtung vor und motiviert. Es bedeutet aber für alle Führungskräfte, deutlich mehr Zeit als oft üblich für Kommunikation einzuplanen.

Dass es auch ganz anders gehen kann, zeigte die Allianz am selben Tag an einem anderen Standort: Dort wurden ebenfalls Entlassungen in größerem Umfang verkündet, doch am Ende der Veranstaltung gab es vereinzelt Applaus für den Todesboten. Was war geschehen? Der zuständige Manager hatte von Anfang an klar gemacht, dass er gekommen sei, um mit den Kollegen zu reden, dass er Antworten geben wolle, so gut er es könne, und deshalb auch nicht eher gehen werde, bis jeder seine Fragen gestellt habe. Die unglaubliche Ironie: Dieser Manager hatte bewusst gegen die offizielle Sprachregelung verstoßen – und damit hatte er Erfolg! Ehrlichkeit lohnt sich!

Der Entwurf eines gemeinsamen Zukunftsbildes verlangt die Fähigkeit, sich in den gewünschten Zielzustand zu versetzen. Die Beteiligten schaffen sich eine Vorstellung davon, wie es sein wird, das gewünschte Ziel erreicht zu haben. Das Gefühl, es geschafft zu haben, wird von Gefühlen des Stolzes, des Glücks und der Zufriedenheit begleitet. Diese Gefühle setzen Energien frei, die wir dann nutzen können, um den Zielzustand durch unser Handeln zu erreichen.

In der systemischen Literatur (z. B. Königswieser) werden verschiedene Methoden aufgeführt. Eine ist der Blick zurück aus einer vorgestellten Zukunft. So werden Sie als CEO in drei oder fünf Jahren von einem Journalisten dazu interviewt, wie Sie den Erfolg geschafft haben. Welche Methoden haben Sie angewandt? Welche Anstrengungen waren nötig? Was zeichnet diesen Erfolg aus? Diese Beschreibungen helfen bei der Definition der notwendigen Schritte zur Realisierung des Zielzustands.

Solche Zielzustände können in Bildern oder Metaphern festgehalten werden. Diese Vision ist ein emotional starkes Bild, das Ihnen hilft, die benötigten Energien freizusetzen.

Stellen Sie sich vor, Sie wollen das Matterhorn besteigen und beginnen mit dem Training. Ein schönes Bild des Berges auf Ihrem Schreibtisch wird Sie immer wieder an Ihr Ziel erinnern. Es hilft Ihnen, die Kräfte für das harte Training zu mobilisieren, eben weil es immer wieder in Ihren Gedanken vorkommt. Ein Sportler bereitet sich so auf die Olympischen Spiele vor. Er stellt sich immer wieder vor, wie es sein wird, auf dem Siegerpodest zu stehen und die Medaille in Empfang zu nehmen, den Applaus zu genießen. Je detaillierter und farbiger dieses Bild ist, desto mehr Kraft entfaltet es.

Eine kollektive Vision kann mit Methoden der Großgruppenmoderation erarbeitet werden. Eine solche Aktion orientiert sich an einer gemeinsamen Symbolik. Diese Symbolik wird dann aus den verschiedenen Blickwinkeln der unterschiedlichen Funktionen, Abteilungen oder Teams beleuchtet und konkretisiert. Das Festhalten der gemeinsam erarbeiteten Ergebnisse in einem emotional aufgeladenen Film oder Bild prägt die Vision. Ein solcher Prozess schafft eine hohe emotionale Bindung und verankert das Bild bei allen Teilnehmern. Dieser Prozess schafft durch die starke emotionale Qualität Identität und Eigenständigkeit – eine nicht zu kopierende Einzigartigkeit.

Mit einer großen Klinik haben wir in einem sorgfältigen Prozess unter Beteiligung ausgewählter Gruppen als Repräsentanten aller Mitarbeitenden des Hauses das Leitbild neu gestaltet. Neben der inhaltlichen Arbeit – die in einem völlig neu und für das Haus revolutionär formulierten Ansatz mündete – haben die Teilnehmer im Rahmen des finalen Workshops eine Skulptur gestaltet, die den Veränderungsprozess der Klinik und das Leitbild repräsentierte. Diese Skulptur fand als Hintergrundbild für alle Papiere rund um das Leitbild Verwendung. Vor allem aber wurde sie an prominenter Stelle auf dem Gelände der Klinik aufgestellt und repräsentierte so für alle sichtbar die notwendigen Veränderungen.

Die Methode der Reflexion ist ein Weg, laufend zu überprüfen, ob der eingeschlagene Weg auch zum Ziel führt. Die Reflexionsarbeit steigert das eigene strategische Profil. Zeit hat man nie genug, Zeit nimmt man sich für die wichtigen Dinge.

SEE BEDEUTET IN DIESER PHASE:

- Fähigkeit, ein gemeinsames Zukunftsbild zu entwerfen
- Klar und konkret formulierte Ziele
- Überzeugte Stakeholder

SEE III – Herausforderungen sehen und Plan B entwickeln

Mit welchen Stolpersteinen müssen Sie rechnen?

Wie können Sie diese Stolpersteine in Chancen umdeuten?

Wie bleibt das Team dabei koordiniert und motiviert?

Alles könnte so schön sein! Ein gemeinsames Grundverständnis, eine klare Vision, perfekte Planung und gut informierte Stakeholder führen beinahe selbstverständlich zum Erfolg. Veränderungsprozesse sollten demnach perfekt laufen. Wenn es Perfektion denn gäbe. Es gibt sie aber – leider? – nicht. Unternehmerische Umstände wie Produktionsschwierigkeiten, Wettbewerber oder der berühmte „menschliche Faktor" stellen sich einer erfolgreichen Umsetzung oft genug in den Weg.

Gerade wenn es um Menschen geht, ziehen Fehler oder Misserfolge einen weiteren Schritt nach sich: Sie verleiten zur Suche nach den Schuldigen. Warum eine Aktion erfolglos oder erfolgreich war, lässt sich immer irgendwie erklären. Vor allem im Nachhinein.

Rolf Dobelli beschreibt diesen Rückschaufehler in seiner *FAZ*-Kolumne: „Wer heute die Wirtschaftsprognosen des Jahres 2007 nachliest, ist überrascht, wie positiv damals die Aussichten für die Jahre 2008 bis 2010 ausgefallen sind. Ein Jahr später, 2008, implodierte der Finanzmarkt. Nach den Ursachen der Finanzkrise befragt, antworten dieselben Experten heute mit einer stringenten Geschichte: Ausweitung der Geldmenge unter Greenspan, lockere Vergabe von Hypotheken, korrupte Ratingagenturen, tiefe Eigenkapitalvorschriften und so weiter. Die Finanzkrise erscheint rückblickend als vollkommen logisch und zwingend. Und doch hat kein einziger Ökonom ... ihren genauen Ablauf zwingend vorhergesagt. Im Gegenteil."

Später sind wir alle klüger – und der Sündenbock, der vorher nur so dumm war wie wir alle, ist schuld!

Eine Rolle spielt dabei eine besondere Facette der sozialen Wahrnehmung: Wir haben die Neigung, die Ursachen für unser Verhalten und für das anderer Personen unterschiedlich zu interpretieren. Die Ursachen für unser eigenes Verhalten schreiben wir bei Erfolgen bevorzugt unserem eigenen Tun zu und bei Misserfolgen bevorzugt den Bedingungen der Situation. Bei anderen ziehen wir in der Regel intuitiv die Ursachensuche in Ihrer Persönlichkeit vor. Führungskräfte verfahren in der Regel anders: Erfolge von Mitarbeitern schreiben Sie bevorzugt der Situation zu („Unsere Produkte lassen sich eben gut verkaufen") und Misserfolge der Person („Der Müller kann einfach nicht gut verkaufen!"). Auf dieser Grundlage lässt sich natürlich trefflich streiten. Das kostet viel Zeit und Energie – und es untergräbt die Bereitschaft, mutig zu handeln und Verantwortung zu übernehmen.

Häufig schaffen es Beteiligte nicht, diese Hindernisse erfolgreich zu bewältigen. Projekte werden beendet oder Projekte dümpeln vor sich hin. Mehrere solche Erfahrungen können ein Unternehmen auf Dauer lähmen: „Das haben wir alles schon versucht. Das bringt eh nichts."

Hier geht es darum, Stolpersteine und Herausforderungen als wesentlichen Teil unseres Umfeldes zu begreifen. Sie sind Bestandteile eines unverstellten Blicks auf die Dinge und sie verlangen von uns, in Alternativen zu denken. Stolpersteine oder Risiken sind mögliche Ereignisse, die den Erfolg unserer Maßnahme gefährden können, wenn sie tatsächlich eintreten. Handeln ist ohne Risiken nicht möglich: „No risk – no chance!"

Das haben Kaufleute schon immer begriffen. So prangt beispielsweise am Bremer Schütting, dem ehemaligen Gilde- und Kosthaus der Kaufmannschaft, seit dem Jahr 1899 der Spruch „buten un binnen – wagen un winnen".

Je mehr wir tun und je neuer und gewagter unser Handeln ist, desto wahrscheinlicher sind Risiken. Besonders gefährlich sind solche Stolpersteine dann, wenn sie unvorhergesehen auftreten. Wir begegnen ihnen täglich. Wenn wir Stolpersteine als gegeben akzeptieren, können wir unsere Kraft darauf lenken, sie zu überwinden.

Richard Branson, dessen erfolgreiche Visionen wir im letzten Absatz beschrieben haben, trifft dazu im Magazin *Entrepreneur* folgende Feststellung: „Niederlagen zu akzeptieren und sich von Fehlschlägen zu erholen sind entscheidende Fähigkeiten für einen Unternehmer."

Solche Stolpersteine stellen eine Herausforderung dar. Tatsache ist, dass es sie gibt. Tatsache ist aber auch, dass wir ihnen nicht hilflos ausgeliefert sind. Darum gehen Gewinner mit der Bereitschaft an den Start, Schwierigkeiten zu erkennen und sie zu bewältigen. Sie besitzen die Qualität, Herausforderungen in Chancen umzudeuten. Wenn wir einen „Plan B" haben, können wir schnell und effektiv reagieren. Die Wirkung von Risiken lässt sich antizipieren, teilweise kontrollieren oder verringern. Wir können sie bereits bei der Planung beachten und über geeignete Alternativen nachdenken.

Ganz wichtig ist unsere grundsätzliche Einstellung. Wir wollen nicht zu Opfern der Umstände werden. Ein Rückschlag ist möglich, aber nicht tödlich. Gefährlich wird es nur, wenn wir unsere Zeit und Energie mit Entschuldigungen oder der Suche nach Schuldigen verschwenden. Wir lenken unsere Energie vielmehr auf alternatives Handeln.

Dazu noch einmal Richard Branson: „Meine Mutter vermittelte mir von klein auf, dass ich keine Zeit darauf verschwenden sollte, Vergangenes zu bedauern. Ich versuche, diese Qualität für meine Karriere einzusetzen. In all den Jahren haben mein Team und ich uns nicht durch Fehler, Niederlagen oder Unglücke demoralisieren lassen."

Diese Bereitschaft, unvorhersehbaren Herausforderungen flexibel zu begegnen, schützt uns davor, das Ziel aus den Augen zu verlieren. Wir lassen uns nicht ablenken und bleiben zielorientiert. Stolpersteine begegnen uns täglich. Wenn wir ehrlich sind, ist Scheitern sogar häufiger als Erfolg. Wachsen werden wir dann, wenn wir Schwierigkeiten als Chancen zum Wachstum begreifen. Erfolg verlangt schnelle und intensive Reaktionen auf

Veränderungen im Tagesgeschäft. Dabei bleiben wir trotz flexibler Reaktionen zielorientiert und optimal aufeinander abgestimmt.

Menschen haben selten die Neugier und die Neigung, sich Neuem vorbehaltlos zu öffnen. Veränderungen sind für die Mehrzahl unbequem, wenn nicht sogar gefährlich. Wenn jemand auf die Idee kommt, Neues einzuführen, schreien andere oft schon reflexhaft: „Gefahr!". Jede Veränderung bedeutet ja auch in der Tat, dass ich Vertrautes und vielleicht Geschätztes aufgeben muss. Jede Veränderung ist nicht nur ein Gewinn, sondern auch immer ein Verlust des Vertrauten.

Elisabeth Kübler-Ross publizierte Ende der 60er-Jahre eine Change-Kurve, die beschreibt, wie Menschen mit Veränderung umgehen:

Das Modell geht von einem Status quo (Phase 1) aus, in dem wir uns eingerichtet haben. Wir haben Routinen entwickelt, um die Situation und gängige Herausforderungen zufriedenstellend zu bewältigen.

Wenn sich die Verhältnisse ändern (Phase 2) oder geändert werden, bewegen wir uns je nach Schwere der Veränderung zwischen Unwohlsein und Schock. Unsere Emotionen sind durch Ärger oder Wut, Trauer um den Verlust der Stabilität und Frustration gekennzeichnet. Jede solche Veränderung kostet uns zusätzliche Energie für die Umstellung. Da uns die gewohnten Situationen und Routinen fehlen, erprobte Verhaltensweisen nicht mehr greifen, empfinden wir einen deutlichen Kompetenzverlust.

Phase 3 ist durch Verweigerung gekennzeichnet. Da wir die Veränderung zunächst als schwierig empfinden, neigen wir zur Leugnung der Konsequenzen („Es wird schon nicht so schlimm kommen."), zumindest für uns persönlich („Was geht das mich an – eigentlich sind da andere betroffen."). Im Kontakt mit anderen Personen unterstützen wir uns gerne in diesem abwehrenden Verhalten.

Erst in der nächsten Phase (4) erkennen wir das Unvermeidliche an. Langsam setzt sich die Einsicht durch, dass wir uns der Veränderung stellen müssen. Wir beginnen darüber nachzudenken, was die Veränderung für uns bedeutet. Und wir beginnen zu planen, wie wir mit dieser Veränderung umgehen könnten.

In der Phase 5 tritt dann auch die emotionale Einsicht ein. Wir spüren jetzt die Auswirkungen der Veränderung und sind bereit, eine Alternative in Betracht zu ziehen. Das ist in einem Veränderungsprozess beispielsweise die neue Vision. Diese neue Perspektive gibt uns die nötige Kraft zu handeln.

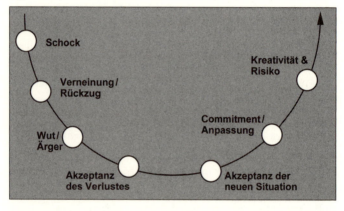

In der sechsten Phase von Versuch und Irrtum schließlich erproben wir neue Verhaltensweisen, um mit der neuen Situation zurechtzukommen. Erfolge und Misserfolge treten auf und wir lernen, welches Verhalten „für uns funktioniert".

Damit sind wir in der siebten Phase nicht nur bereit, die neue Situation zu akzeptieren, wir investieren sogar Energie und Kreativität in die erfolgreiche Gestaltung.

Innovation bedeutet somit immer mehr als neue Produkte, Verfahren oder Dienstleistungen. Von allen Stakeholdern verlangt jede Veränderung neue Einstellungen und neue Verhaltensweisen.

Auch als die Kartoffel in Europa eingeführt wurde, gab es zunächst erheblichen Widerstand. Ihre Gegner behaupteten, sie lauge den Boden aus oder mache die Menschen krank. Die Angst vor dem Neuen saß so tief, dass manche Menschen lieber verhungerten, als die Kartoffel zu probieren. Während einer großen Hungersnot lehnten es die Einwohner von Neapel trotz ihrer Notlage ab, eine geschenkte Schiffsladung Kartoffeln auch nur zu kosten.

Unternehmen und Führungskräfte, die Veränderungen schnell realisieren, haben einen deutlichen Vorsprung im Wettbewerb, denn diese Veränderungen rühren oft noch aus dem Leidensdruck der Mitarbeitenden. Diese sind unter Leidensdruck eher zu Kompromissen und Veränderungen bereit. Erfolgsspirale bedeutet jedoch, dass ich Veränderungen nicht aufgrund von Druck, sondern aus Überzeugung verwirkliche.

In der Erfolgsspirale sind Sie dann angekommen, wenn Sie die stetige Suche nach Möglichkeiten zur produktiven Veränderung zu Ihrer Hauptaufgabe machen.

Wir leben in der imperfekten Welt – statt aus Rot oder Schwarz, Ja oder Nein besteht die Welt tatsächlich aus einer Reihe von Zwischentönen. Ein Veränderungsprojekt ist nie nur gut oder nur schlecht für alle Beteiligten. Eine Veränderung wird nie nur geradlinig auf den Erfolg zusteuern, Misserfolge sind ebenso möglich wie Erfolge. Unsere Leistung wird daran gemessen, wie erfolgreich wir mit Widerständen umgehen.

Wenn das Erreichen des Zielzustandes eine lineare Abfolge von Tätigkeiten und Aufgaben wäre, dann lebten wir in einer stabilen, planbaren und vorhersehbaren Welt. Die Wirklichkeit jedoch ist anders. Auf dem Weg zum Zielzustand, zu „Ihrem Matterhorn", gibt es immer wieder Rückschläge, Ausrutscher und sogar Niederlagen. Bei Veränderungsprozessen in Organisationen sprechen wir hier von Widerständen. Die mentale Vorbereitung auf solche Widerstände, die Vorbereitung auf Unvorhergesehenes, ist entscheidend. Es gilt das Motto: „What if ...?"

Wir können nur selten an den Ausgangspunkt zurückkehren und neu beginnen. Vor allem hat sich auch dieser Ausgangspunkt in der Zwischenzeit bereits wieder gewandelt. Also heißt es unterschiedliche Szenarien entwickeln. Oft genug ist es besser, den eingeschlagenen Weg zu verlassen und eine bessere Route zu suchen. Auch diese Abkehr vom ursprünglichen Plan kann Widerstände schaffen. Wichtig ist die Kommunikation: Begründen Sie die Bedeutung der Kursänderung, überzeugen Sie die Beteiligten und beschreiben Sie dann den neuen Weg gemeinsam. Das setzt die Fähigkeit zum Loslassen voraus.

Genau an dieser Stelle setzt erfolgreiche Kommunikation an. Was kommunizieren wir, wenn eine unvorhergesehene Situation eintritt? Dies lässt sich vordenken, simulieren und trainieren. Man stellt sich das noch unwahrscheinliche Ereignis vor und überlegt, wie man in dieser Situation handeln wird. Diese Übung stärkt die mentale Bereitschaft, den Weg zu verlassen, ohne das Ziel zu verlieren.

Gute Führungskräfte denken vorausschauend in Szenarien und bereiten sich mental auf die unterschiedlichsten Situationen vor. Die Vorbereitung auf die Ankündigung von Stellenabbau, die Schließung einer Niederlassung oder die Veränderung des Produktportfolios sind wichtige Lernfelder – und wenn nicht diese, dann werden Sie andere schmerzhafte Veränderungen verkünden müssen. Die Übung führt zu innerer Stabilität und Gelassenheit und damit zu verbesserten Fähigkeiten im Umgang mit der stabilen Welt. Sie verabschieden sich gedanklich von der Perfektion und beziehen die Veränderung als feste Größe in Ihr Kalkül mit ein.

SEE BEDEUTET IN DIESER PHASE:

- Stolpersteine als Herausforderung erkennen
- Flexible Antworten auf ungeplante Umstände
- Einbeziehung der imperfekten Welt in die Planung

Fazit: Feel it or forget it

Das Bild des Sehens ist nun vollständig. Der Schlüssel des Gewinnens liegt darin, sich so schnell wie möglich den Anforderungen der imperfekten Welt zu stellen.

Das Management hat die Aufgabe, auf der Ebene des Handelns die Realisierung sicherzustellen – für jedes strategische Projekt und für jedes Schlüsselprojekt des Unternehmens.

Auch wenn viele Unternehmen der Sachebene noch die größte Beachtung schenken und dort die benötigten Ressourcen allokieren, so ist der wahre Erfolg doch bei den Gefühlen und Einstellungen der Mitarbeiter zu finden.

Strategien werden von Menschen entwickelt und von Menschen realisiert. Die Zukunft bedeutet, den Menschen als Produzenten von Mehrwert zu sehen statt als Kostenfaktor.

Richtiges Sehen führt zu einem umfassenden Verständnis unserer Potenziale und Ziele. Gewinner visualisieren Weg und Ziel: „Sie trauen ihren Augen." Und: Gewinner halten an ihren Visionen fest, bleiben zielorientiert und lassen sich auch von unvorhergesehenen Herausforderungen nicht vom Kurs abbringen.

Face the Present: gemeinsames Grundverständnis

Die gezielte Analyse der Gegenwart schafft ein gemeinsames Grundverständnis über die wichtigsten Interessen Ihrer Stakeholder.

AKTIONEN:

- Klare Projektdefinition im SDG-Kreislauf
- Klare Bestimmung der Stakeholder und ihrer Bedürfnisse
- Auflistung der erzielten Resultate
- Identifizierung der zugrunde liegenden Glaubenssätze
- Entscheidung: beenden – beibehalten – neu erwerben wichtiger Einstellungen
- Aktionsplan

Frame the Future: Initiativen sichtbar machen

Zukunft passiert nicht einfach, wir müssen sie gestalten. Fühlen wir uns als Teil eines gemeinsamen Zukunftsbildes, fokussieren wir unsere Ziele weitaus nachhaltiger.

AKTIONEN:

- Abstimmung: Grad der Gemeinsamkeit im Zukunftsbild
- Abgleich: Differenzen – Gemeinsamkeiten
- Entwicklung eines gemeinsamen Zukunftsbildes
- Klare Definition der (daraus abgeleiteten) Ziele
- Kommunikationsplan für die Ziele
- Abgleich: individuelle ⇨ gemeinsame Ziele
- Aktionsplan

Foresee the Challenges: Plan B – die imperfekte Welt

Die Bereitschaft, nicht vorhersehbaren Herausforderungen flexibel zu begegnen, schützt davor, das Ziel aus den Augen zu verlieren. Sie lassen sich nicht ablenken und bleiben zielorientiert.

AKTIONEN:

- Abstimmung: Grad der Bereitschaft, flexibel zu reagieren
- Abgleich: Herausforderungen – aktuelles Handeln – Stolpersteine
- Stolpersteine – mögliche Antworten
- Individuelle Beiträge – Beiträge des Teams
- Aktionsplan

8 DO – DIE KRAFT DES HANDELNS

> Welche 10 Prozent sind entscheidend für die Umsetzung des Projekts?
> Wie schaffe ich Transparenz über die Rollenbeiträge?
> Wie steigere ich das Commitment für das Projekt?

Begeisterung und Planung allein reichen allerdings nicht aus. Nur wer handelt, der bewegt etwas. Erfolge sehen wir, wenn wir fokussiert und konsequent handeln. Strategische Projekte gilt es umzusetzen. Behalten Sie das Primat des Handelns im Auge.

In der Umsetzung durchläuft ein Unternehmen verschiedene Phasen. Schon mit dem ersten Schritt in die Veränderung begibt sich das Unternehmen in eine instabile Lage. Hier ist Orientierung gefordert. Führungsaufgabe ist es, neben den Zonen der Instabilität Zonen der Stabilität zu schaffen. Menschen brauchen besondere Energie, um ihre Komfortzone zu verlassen. Klare Orientierung hilft dabei, diese Phase der Instabilität schnell zu überwinden. Wir konzentrieren unsere Energien darauf, Veränderungen konsequent und schnell durchzuführen. Klare Meilensteine geben den Mitarbeitern diese Orientierung. Die schrittweise Annäherung an das Ziel (Step-by-Step-Methode) gewinnt in der imperfekten Welt an Bedeutung. Schnelle Ergebnisse können sofort bewertet und dementsprechend verstärkt oder verändert werden.

Mitarbeiter und Beteiligte im System wissen oft genau, was zu tun ist. Großgruppenveranstaltungen oder interaktive Methoden nutzen dieses Wissen der Beteiligten und setzen oft ungeahnte Energien frei.

> Ein Beispiel dafür ist das „World-Café" als Weiterentwicklung der Open-Space-Methode. Diese Technik zielt auf intensiven Dialog ab. Gerade in Veränderungsprozessen können so möglichst viele Beteiligte zu Wort kommen, sie erfahren dadurch Mitwirkung und Engagement. Die Gespräche sollen in einer entspannten Atmosphäre stattfinden, die einem Kaffeehaus nachempfunden ist – daher der Name. Ziel ist, gemeinsames Wissen sichtbar zu machen und so neue Perspektiven, Denkweisen und Handlungsoptionen zu entwickeln. Im Verlauf einer zwei- bis dreistündigen Veranstaltung werden wenige, aber wesentliche Fragen in aufeinanderfolgenden und sich immer neu mischenden Runden bearbeitet. Die World-Café-Technik macht es möglich, mit begrenztem Aufwand ein konturiertes Meinungsbild von vielen Beteiligten zu gewinnen.

Auch im Markt gehen Unternehmen den Schritt hin zu den Betroffenen und Beteiligten: Lego begann bereits in den Neunzigerjahren damit, Kunden zur Konstruktion von Modellen einzuladen. Auch Unternehmen wie Cisco, Starbucks oder Unilever folgen diesem Weg der „Customer Co-Creation". Die gemeinsamen Erfahrungen aller Stakeholder machen es möglich, neue Dimensionen zu erschließen, die auf dem üblichen Weg der internen Produktentwicklung nicht realisiert werden können.

Bei Tchibo gibt es jetzt die ersten Produkte zu kaufen, die von der eigenen Community entwickelt wurden: beispielsweise ein Handtaschenhalter fürs Auto. Mit „Tchibo ideas" hat das Unternehmen eine Plattform geschaffen für alle, die Ideen für Alltagsgegenstände haben. Jede Idee kann von den anderen Teilnehmern beurteilt und auch weiterentwickelt werden. Tchibo vergibt Gewinne an die Einreicher der Anregungen und für die besten drei „Lösungen des Monats". Die „Lösungen des Monats" werden von Tchibo auf ihre Umsetzungs- und Vermarktungseignung geprüft.

Im Unternehmen fördert eine offene Diskussionskultur über alle Hierarchien und Abteilungen hinweg gleichermaßen die Qualität der Maßnahmen und der Lösungsansätze. Teamprozesse sind für alle Beteiligten eine Bereicherung. Gemeinsame kommunikative Plattformen fördern Alignment. Führungskräfte übernehmen in dieser Phase die Rolle des Moderators und Zuhörers. Führung unterscheidet zwischen dringenden und wichtigen Aktionen und setzt klare Prioritäten.

Die Umsetzung beginnt mit dem ersten Schritt. Wie komme ich in den Rhythmus des Handelns?

Ressourcen sind immer knapp. Erfolgreich sind wir dann, wenn wir unsere Kräfte eindeutig an unseren Prioritäten ausrichten („wichtig" statt „dringlich"). Dazu müssen wir unsere Ressourcen kennen und sie erfolgreich steuern. Das betrifft alle Ressourcen – Menschen, Finanzen, Zeit oder Maschinen und Material. Wir können dann erfolgreich steuern, wenn es uns gelingt, zwischen Wichtigem und Unwichtigem zu unterscheiden. Einmal erkannt verlangt konsequentes Handeln von uns die konsequente Abkehr von allem Unwichtigen.

Jeder kennt aus seinem Arbeitsumfeld die häufige Gleichsetzung von Aktivität und Erfolg. Gute und erfolgreiche Menschen glauben wir daran zu erkennen, dass sie viel arbeiten. Sie bekommen und schreiben viele Mails und Memos, sie führen eine Vielzahl an Gesprächen und sind nahezu immer in Meetings. Doch was erreichen sie tatsächlich?

Untersuchungen belegen, dass nur eine Minderheit von Menschen tatsächlich ein Unternehmen bewegt. Viele sind durchaus produktiv im Sinne der geleisteten Arbeit, doch nur wenige entwickeln neue Ideen oder treiben Projekte durch ihren Einsatz voran. In ihrem Buch *Beware the Busy Manager* fragen Bruch und Ghoshal (†): „Are your busiest managers achieving the least?" Sie beantworten diese Frage eindeutig mit Ja. Bruch und Ghoshal stellen fest, dass sich Unternehmen und Führungskräfte hinsichtlich der Qualität und der Intensität ihrer Energie unterscheiden lassen.

Die Energie wird über die Dimensionen „Qualität" und „Intensität" definiert. Die Qualität der Energie kann positiv (Begeisterung, Zufriedenheit) oder negativ (Frustration, Angst) sein. Die Intensität der Energie wird am Grad der Aktivität, der Interaktion, der Reaktions- und der Begeisterungsfähigkeit abgelesen. Unternehmen in der Komfort- oder in der Resignationszone mangelt es an der nötigen Energie. Die Mitarbeiter zeigen keine ausreichende Identifikation mit ihrem Unternehmen. Unternehmen in der Aggressions- und in der Leidenschaftszone hingegen zeigen aktives Wettbewerbsverhalten, sie sind engagiert, aggressiv und auf ihre Ziele fokussiert. Unternehmen in der Leidenschaftszone inspirieren ihre Mitarbeiter zudem mit Freude an der Arbeit und dem Stolz auf das Erreichte.

Eine Welt voller Komplexität und Veränderbarkeit – unsere imperfekte Welt – fordert von uns klare Entscheidungen. Und wenn wir diese Entscheidungen getroffen haben, gilt es, sich voll und ganz auf die Umsetzung zu konzentrieren.

Golfprofi Tiger Woods ist der bestbezahlte Sportler bisher und vielleicht auch der erfolgreichste Golfprofi. Von ihm wird behauptet, dass er mental sehr stark sei. Auf dem Platz kann er alle störenden Umweltfaktoren ausblenden und sich nur auf den nächsten Schlag konzentrieren. Stephen Gallacher, einer der erfolgreichsten schottischen Spieler, schildert seinen Eindruck: „Tiger Woods ist mental der Beste in der Welt. Er hat daran gearbeitet, seit er 12 Jahre alt war. Jeder auf der Tour kann gute Schläge spielen. Seine Routine ist perfekt, sein Schwung auch und er ist athletisch. Aber er ist auch mental der Beste und das ist kein Zufall. Das macht ihn zum Besten in der Welt. Was ihn wirklich von den anderen trennt, sind seine mentale Stärke und seine Routine. Er denkt nicht über irgendetwas nach, wenn er über dem Ball steht." Diese Fähigkeit ist das Ergebnis jahrzehntelangen täglichen disziplinierten Trainings gemäß dem Motto „Move it or lose it!".

Der englischsprachige Begriff des „Flow" beschreibt dieses Gefühl des völligen Aufgehens in einer Tätigkeit, die vollkommene Konzentration verbunden mit einer Leichtigkeit des Handelns. Mihaly Csikszentmihalyi entwickelte die „Flow-Theorie". Sie bezieht sich sowohl auf körperliche wie auf geistige Aktivitäten. Flow wird als ein befriedigendes Gefühl im Spannungsfeld zwischen Über- und Unterforderung beschrieben. Es entsteht besonders bei der Steuerung komplexer, schnell ablaufender Geschehnisse.

Csikszentmihalyi beschreibt sein Konzept des Flow als Freude- und Glücksgefühle, wahrgenommen als schneller voranschreitendes Zeiterleben und Einssein von Handeln und Bewusstsein. Man denkt nicht mehr über das Handeln nach, sondern man handelt einfach. Er identifiziert mehrere Elemente des Flow:

1. **Balance zwischen Herausforderung und Können** – die Wahrnehmung der eigenen Fähigkeiten im Verhältnis zu den anstehenden Herausforderungen
2. **Verschmelzen von Handlung und Bewusstsein** – das Bewusstsein konzentriert sich auf das Handeln
3. **Klare Struktur** – nur klar definierte Ziele und gut eingeübte Handlungen ermöglichen den Flow
4. **Eindeutige Rückmeldungen** – das Feedback geschieht bei klaren Handlungsanforderungen automatisch durch das Ergebnis des Tuns
5. **Konzentration auf die Aufgabe** – ich werde nur dann wirklich gut sein, wenn ich unwichtige Gedanken aus dem Bewusstsein verbannen kann. Das erfordert Disziplin.
6. **Kontrolle über das Handeln** – das Vertrauen in die eigenen Fertigkeiten und der Glaube an die Lösbarkeit der Aufgabe führen zu Kraft und Sicherheit im Handeln
7. **Zentrierung der Aufmerksamkeit** – im Flow finden negative Gedanken, Ängste oder Unsicherheiten nicht statt
8. **Ausblenden der Zeit** – im Zustand des Flow wird die Zeit sehr subjektiv wahrgenommen – schneller oder langsamer als im Alltag
9. **Autotelisches Erlebnis** – die Befriedigung stellt sich durch das Tun ein, das Handeln geschieht um seiner selbst willen

Der Zustand des Flow wird als völlige Harmonie zwischen Emotionen und bewusstem Handeln beschrieben.

 Tanzen wird eine besondere Bedeutung als Flow-Aktivität attestiert. Mihaly Csikszentmihalyi schreibt in *Flow. Das Geheimnis des Glücks*, dass „Tanzen vermutlich die älteste und bedeutsamste Aktivität" mit Flow ist, „sowohl aufgrund seiner

> weltweiten Anziehungskraft als auch wegen seiner potenziellen Komplexität". So ist der ekstatische Trancetanz der Derwische eine typische körperliche Methode, durch den Flow der Bewegung in den Zustand religiöser Ekstase überzugehen.

Dieses Gefühl einer Einheit von Fühlen und Handeln und die vollständige Konzentration auf das Handeln in der Gegenwart lassen sich auch im Unternehmen entwickeln. Das Management steht vor der Aufgabe, den Mitarbeitern im Unternehmen diese Konzentration auf das Hier und Jetzt zu ermöglichen. Viele Unternehmen leiden darunter, dass sie zu sehr der Vergangenheit verhaftet sind – alte Wahrnehmungen, überkommene Regeln, alte Erfolgsrezepte.

Traditionen und verlässliche Strukturen sind gut, doch wenn wir an ihre unveränderbare Gültigkeit glauben, bleiben wir der Vergangenheit verpflichtet. Traditionen sind immer überkommene Verhaltensweisen, die zur Zeit ihrer Entstehung eine wichtige Bedeutung hatten. Im Lauf der Zeit ist diese Bedeutung geschrumpft, die Tradition wird damit zur leeren Hülle. Und damit werde ich unflexibel und stelle mich nicht mehr den Anforderungen der Gegenwart.

Kommunikation und Zusammenarbeit sind dann die Opfer einer unbeweglichen Organisationsstruktur. Doch je länger sich Gewohnheiten einschleifen, desto schwieriger wird es auch, sich auf Veränderungen am Markt einzustellen. Aus diesem Grund raten Vermeulen, Puranam (beide London Business School) & Gulati (Harvard Business School) allen Unternehmen, die Art ihrer Veränderungen sowie die Details ihrer jeweiligen Änderungsmaßnahmen zu variieren. Sie schlagen vor, beispielsweise in einem Jahr das Vergütungssystem zu ändern und in einem anderen vielleicht die Organisation der Unternehmensbereiche statt nach Funktionen nach Kundensegmenten zu gruppieren.

 Sie geben dafür als Beispiel die organisatorischen Veränderungen bei GE Healthcare an. Nach der Übernahme der Verantwortung durch Joseph M. Hogan im Jahr 2000 leitete er sofort eine erneute Umstrukturierung ein, bei der die Organisationsstruktur verändert, eine neue Struktur geschaffen sowie das Berichtswesen und die Anreizsysteme modifiziert wurden. Im Gegensatz zur naheliegenden Annahme, dass die vielen Veränderungen Probleme verursachen würden, konnte GE Healthcare gerade dadurch das Servicegeschäft mit großem Erfolg weiterentwickeln. In den folgenden zwei Jahren akquirierte die Vertriebsorganisation Aufträge im Gesamtwert von mehr als 2 Milliarden US-Dollar.

Das Management in Unternehmen steht vor der Herausforderung, die Mitarbeitenden in das Heute zu katapultieren. Unsere imperfekte, dynamische, komplexe Welt verlangt von uns vollkommene Präsenz. Um zu gewinnen, ist es entscheidend, auf dieser Ebene das Gestern und das Morgen auszublenden. Gewinner sind stets ganz im Hier und Jetzt. Das erfordert von uns ein hohes Maß an Disziplin.

Erich Fromm verlangt von jedem, sich in seinem gesamten Leben um Disziplin zu bemühen. Er konstatiert, dass der (moderne) Mensch oft wenig Selbstdisziplin zeigt. Die Lust am Faulenzen führt er auf den hohen Anteil von Routine in unserem Leben zurück: „Eben weil der Mensch sich acht Stunden am Tag gezwungen sieht, seine Energie auf Zwecke zu verwenden, die nicht seine eigenen sind, bei einer Arbeitsweise, die er sich nicht selbst aussuchen kann, sondern die ihm vom Arbeitsrhythmus vorgeschrieben wird, begehrt er auf, und sein Aufbegehren nimmt die Form eines kindlichen Sich-gehen-Lassens an."

Diese Diagnose enthält den ersten Ansatz zur Stärkung des Engagements: Unterstützen Sie Ihre Mitarbeiter dabei, die Aufgabe der Veränderung vollständig zu verstehen, lassen Sie sie an der Aufgabe teilnehmen und ermöglichen Sie ihnen, ihren eigenen Rhythmus zu finden. Nur mit Disziplin erlangen wir die nötige Konzentration. Konzentration ist die notwendige Vorbedingung für jede Meisterschaft in einer Kunst.

Eine Winning Culture zeichnet sich durch große Vitalität aus. Wir erkennen die Notwendigkeit der Veränderung und entwickeln eine Vision des Ziels. Wir spüren dann den brennenden Wunsch, etwas zu bewegen und selbst an dieser Veränderung teilzunehmen.

DO ist Konzentration auf Prioritäten.
DO ist Klärung der Rollenbeiträge.
DO ist konsequente Umsetzung.

DO I – Prioritäten setzen

Unterscheiden Sie zwischen „dringend" und „wichtig"?
Leben Sie die neue 10:90-Formel?
Kommunizieren Sie eindeutig und kraftvoll?

Der Enthusiasmus des Möglichen lässt uns häufig große Pläne schmieden. Umsetzungsprozesse verlaufen sich dann leicht in einem Wirrwarr operativer Tätigkeiten, halbherziger Bemühungen und einer Vielzahl nur zur Hälfte erledigter Aufgaben.

Winning Culture hingegen bedeutet, das Wichtigste auch an die erste Stelle zu setzen. Die Führungsaufgabe besteht hier in der Entscheidung, was diese Prioritäten sind. Die Managementaufgabe besteht darin, darüber zu wachen, dass die Umsetzung den Prioritäten folgt. Das ist die tägliche Disziplin, dieses Prinzip konsequent umzusetzen. Das Augenmerk richtet sich auf das Management vordringlicher Prioritäten im Sinne einer erfolgreichen Umsetzung. Die erfolgreiche Führungskraft arbeitet nach dem Motto: „First things first!"

Das Pareto-Prinzip ist allgemein bekannt: Die 80-20-Regel besagt, dass 80 Prozent der Ergebnisse häufig mit 20 Prozent des benötigten Aufwands erreicht werden, 20 Prozent verbrauchen die restlichen 80 Prozent der Energie. Der Name rührt von Vilfredo Pareto her, einem Volkswirt, der die Verteilung des Volksvermögens in Italien untersuchte und herausfand, dass etwa 20 Prozent der Familien ca. 80 Prozent des Vermögens besaßen. Daraus leitet sich das nach ihm benannte Prinzip ab. Viele Verteilungen folgen diesem Skalengesetz, also der Pareto-Verteilung. Beispielsweise beziehen sich 80 Prozent aller Anfragen im Internet auf die gleichen 20 Prozent der Themen. Richtig verstanden geht es bei Pareto natürlich um weit mehr als bloßes Zeitmanagement – es geht um die wesentlichen werthaltigen Entscheidungen.

In der imperfekten Welt gilt als neue Formel 10 : 90! Nur 10 Prozent der Aktivitäten sind für den eigentlichen Erfolg entscheidend. Das heißt also: Nicht viele Entscheidungen sind wirklich wichtig. Diese Prioritäten sind zu erkennen und diese Entscheidungen sind dann mit Entschiedenheit umzusetzen. Was sind die entscheidenden 10 Prozent Ihrer Projekte? Starten Sie 10-Prozent-Projekte! Ebenso ist es ratsam, dann „Alles auf Rot!" zu setzen.

Setzen Sie die nötige Energie ein, um diese Hebelpunkte auch wirklich erfolgreich zu nutzen. Setzen Sie Ihre Ressourcen so ein, dass sie richtig verteilt sind. Statten Sie die ergebnisrelevanten Aktivitäten mit den erforderlichen Mitteln aus! Das gibt die nötige Grundaggressivität – weg vom Vollständigkeitsdenken hin zur Konzentration auf die relevanten Aktionen!

Nokia war bis vor wenigen Jahren Weltmarktführer der Handybranche. Seit dem iPhone von Apple büßte das Unternehmen inzwischen überlebenswichtige Marktanteile ein. Dabei waren die Ideen für den Erfolg reichlich vorhanden. Nokia arbeitete bereits 2003 an einer Software, die den Download kleiner Zusatzprogramme ermöglichen würde. Doch dieses Projekt wurde durch die Blockade des Mittelmanagements gestoppt. Zur gleichen Zeit arbeiteten Techniker an Farbbildschirmen, die als Touchscreen funktionierten. Das Smartphone Nokia 7700 wurde sogar in Australien präsentiert. Doch dieses Produkt wurde dann nicht auf den Markt gebracht. Und das Nachfolgeprodukt Nokia 7710 verschwand kurz nach dem Start wieder aus dem Sortiment. Nokia fehlte die unbedingte Bereitschaft, konsequent zu handeln. Razvan Olosu, ehemaliger Deutschland-Chef von Nokia und inzwischen CEO von Novero, kommentiert: „Viele Entscheidungen wurden von der Organisation nur träge umgesetzt. Nokia muss wieder lernen, Produkte schnell auf den Markt zu bringen."

Georges Danton, der französische Revolutionär, kommentierte diesen Sachverhalt zutreffend mit den Worten: „Wenn das Gebäude in Flammen steht, mache ich mich nicht an die Spitzbuben, die das Hausgerät stehlen. Ich lösche zuerst das Feuer." Erfolgreiche Unternehmen setzen ihre Ressourcen an den richtigen – weil wichtigen – Stellen ein. Je mehr Mitarbeiter sich auf die Umsetzung konzentrieren, desto mehr Schwung gewinnt Ihr Vorhaben.

> Am stärksten ausgeprägt ist die Konzentration auf den kürzestmöglichen Produktlebenszyklus in der Mikroelektronik. „Rund 90 Prozent der Produkte, die wir am Ende eines Jahres in unserem Portfolio haben, hatten wir am Anfang eines Jahres noch nicht", sagt Martin Strobel, Sprecher des Chip-Herstellers Intel.

Ein bekanntes Phänomen in projektorientierten Unternehmen besteht darin, dass sie, gemessen an ihren Kapazitäten, zu viele Projekte gleichzeitig vorantreiben. Durch eine angemessene Steuerung der Prioritäten können die Ressourcen jedoch auf die wichtigsten Vorhaben konzentriert werden. Einigkeit über die Prioritäten ermöglicht die zielgerichtete Zuweisung der erforderlichen Ressourcen. Erfolg hat zur Voraussetzung, diese Prioritäten auch konkret und eindeutig zu vermitteln. Werden Sie konkret!

Dieser Fokus auf die wesentlichen 10 Prozent gilt nicht nur für das „große Ganze". Er schließt den Einzelnen ein, der bereit ist, bisherige Denk- und Handlungsmuster infrage zu stellen. Die wesentliche Kunst in der Konzentration auf Prioritäten ist die Fähigkeit, Nein zu sagen. Das bedeutet den konsequenten Verzicht auf alle Aktivitäten, die ich vielleicht lieb gewonnen habe, die zunächst nur wenig Aufwand zu bedeuten scheinen oder die andere einfach von mir erwarten.

Für Führungskräfte geht es hier ebenso um die radikale Umsetzung des Delegationsprinzips: Delegieren heißt, Mitarbeiter mit einer konkreten Aufgabe oder einem Aufgabengebiet zu beauftragen und ihnen gleichzeitig die Verantwortung dafür zu übergeben. Delegation stützt sich auf die klare Definition der Aufgabe, eindeutige Ziele, klare Befugnisse und einen eindeutigen Auftrag. Der Nutzen besteht in dem Freiraum, den sich die Führungskraft durch die Delegation verschafft – und in den Entwicklungsmöglichkeiten für die Mitarbeiter. Delegation bedeutet immer Vertrauen in die Möglichkeiten des Mitarbeiters und die Bereitschaft, einen Teil der Kontrolle aufzugeben.

Marktführer konzentrieren sich auf die wichtigen Dinge. Sie vernachlässigen konsequent alle Aktivitäten, die bloß dringlich erscheinen. Mitarbeiter filtern dementsprechend die Aufgaben heraus, die für einen Veränderungsprozess wirklich von Bedeutung sind. Denn nur diese spielen eine wichtige Rolle, wenn ich erfolgreich sein will.

Hermann Simon machte den Erfolg dieser Fokussierung in seinem Buch *Hidden Champions* sehr deutlich. Er stellte dort eine Reihe deutscher Unternehmen vor, bekannte und weniger bekannte deutsche Mittelständler, alle durchweg erfolgreich. Diese Sieger folgen samt und sonders einer klaren Strategie. Sie haben klare Ziele und setzen diese konsequent um: „Wir sind Spezialist für ..." – „Groß sein in kleinen Märkten." – „Wir konzentrieren uns auf das, was wir können."

Die Herrenknecht AG ist ein solcher Mittelständler – Weltmarktführer in seiner Branche. Das Unternehmen liefert Tunnelbohranlagen – von zehn Zentimetern Durchmesser bis zu 19 Metern. Das prominenteste Projekt ist gegenwärtig der St.-Gotthard-Tunnel, weltweit sind nahezu 700 Kilometer U-Bahn- und etwa 170 Kilometer Straßentunnel mit Herrenknecht-Technik gebaut worden. „Ich will nicht Zweiter werden, sondern weltweit vorne mitfahren", sagt Martin Herrenknecht.

Ein anderes Beispiel ist der Aromahersteller WILD aus Heidelberg. Er ist darauf spezialisiert, den Dingen ihren „richtigen" Geschmack zu geben. Er produziert Lebensmittelzusätze, Farben, Konzentrate, Aromen oder Grundstoffe für Getränke und die Lebensmittelindustrie. Dr. Hans-Peter Wild, der Sohn des Firmengründers, hat den Betrieb in den letzten nahezu 40 Jahren zu einer Weltmarke aufgebaut. Wesentliches Kernstück dieser Entwicklung war „Capri-Sonne", seit 1969 auf dem Markt und seither konsequent zur internationalen Marke ausgebaut.

Einfachheit ist eine Kunst!

Eine vom „Covey Leadership Center" durchgeführte Studie zeigt, dass ausserordentlich leistungsstarke Unternehmen sich in ihrem Zeit-/Aktivitätenprofil deutlich von anderen, ebenfalls bewerteten Unternehmen unterscheiden. Im unteren Schaubild werden typische Zeit-/Aktivitätenmuster in normaler Druckstärke angezeigt. Verhaltensmuster besonders leistungsstarker Unternehmen werden hingegen durch fett gedruckte Buchstaben markiert.

Dringend/Nicht Dringend: Diese Achse analysiert, ob etwas sofort getan werden muss oder Aufschub duldet.

	DRINGEND	NICHT DRINGEND
NICHT WICHTIG	Krisen　　　　　　I Deadlines Anfragen zur Hilfestellung **20–25%** 25–30%	Planung,　　　　II Delegation Umgestaltung von Prozessen Beziehungsaufbau, - stärkung **65–80%** 15%
WICHTIG	Meetings　　　　III Telefonanrufe Mails ‚Unnötige' Anfragen **15%** 50–60%	‚Fluchtaktivitäten'　IV Fernsehen Junk Mails **Weniger als 1%** 2–3%

Wichtig/Nicht Wichtig: Dieser Teil der Achse analysiert, ob Tätigkeit tatsächlich Mehrwert in Bezug auf die Initiative schafft.

(Der fett gedruckte Schrifttyp repräsentiert Hochleistungsunternehmen. Die normale Druckstärke steht für herkömmliche agierende Unternehmen.)

Leistungsstarke Unternehmen verwenden entscheidend mehr Zeit für Dinge, die wichtig aber nicht dringend sind und unterscheiden sich damit von solchen, die sich dauerhaft von „Dringlichkeiten" dominieren lassen. Die wesentliche Unterscheidung liegt in der Klarheit darüber, was wirklich wichtig ist – und was nicht.

In diesem Schritt geht es darum, jene Aktivitäten zu ermitteln, die von entscheidender Bedeutung für unser Vorhaben sind. Wo müssen Energien und Aktivitäten gebündelt werden, was kann ich zugunsten schneller Erfolge zurückstellen? Denn die ersten neunzig Tage sind entscheidend für das Überleben Ihres Projekts. Sie etablieren in dieser Phase den Schwung des Gewinnens! Nur Erfolg ist sexy und deswegen ist es wichtig, schnell Erfolge vorzuweisen. Sie brauchen sichtbare Verbesserungen. Diese tragen entscheidend dazu bei, Akzeptanz für Neuerungen zu schaffen. Die Strategie sichtbarer Zwischenerfolge ist ein wichtiger Baustein erfolgreichen Veränderungsmanagements. Klarheit in der Kommunikation und erfolgreiche Beiträge erzeugen die erforderliche Bewegungsenergie.

Viele gute Strategien laufen ins Leere, weil Führungskräfte sie in schwammige, allgemeine Formulierungen verpacken: „Wir wollen unsere Kunden begeistern!" – „Wir wollen der effizienteste Hersteller werden" – „Wir wollen Shareholder-Value freisetzen".

Die Führungskraft hat vielleicht trotz dieser vagen Formulierung eine konkrete Vorstellung von den erforderlichen Aktivitäten. Doch die Mitarbeiter „an der Front", denen die zugrunde liegenden Überlegungen verborgen bleiben, hören nur kryptische Sätze. Die so formulierten Strategien greifen nicht.

Costas Markides, Leiter der Strategieabteilung der London Business School, erklärt die Funktion einer Strategie damit, dass sie die Richtlinien setzt, innerhalb derer die Mitarbeiter autonom operieren. Zu der Frage nach einer guten Strategie stellt Markides fest: „Wenn Ihre Strategie nicht auf eine halbe Schreibmaschinenseite passt, ist es keine. Und wenn Ihre Leute sie nicht verstehen, stimmt auch etwas nicht. Das Problem sind in der Regel nicht die Mitarbeiter. Das Management hat zu wenig Ahnung vom Thema. Viele Unternehmer verwechseln schon Strategie mit Mission. Da heißt es dann: ‚Unser Ziel ist es, der führende Dienstleister eines Segments zu sein.' Das ist aber keine Strategie. Und erst recht nichts, was Mitarbeiter emotionalisiert. Wo aber Verständnis und Begeisterung fehlen, haben Sie ein Problem."

Die klare Kommunikation gibt den Mitarbeitern Sicherheit und erleichtert es ihnen, ihr Denken und Handeln auf die neue Strategie auszurichten.

Strategien verständlich zu kommunizieren erfordert besondere Fähigkeiten.

> Ein einfaches Experiment hilft uns zu verstehen, warum es uns allen so schwer fällt, sich in andere Menschen hineinzuversetzen: Zwei Mitgliedern eines Teams wurde je eine von zwei Rollen zugeteilt: Klopfer oder Zuhörer. Jeder Klopfer sucht sich ein bekanntes Lied aus, etwa „Happy Birthday", um anschließend den Rhythmus auf den Tisch zu klopfen. Der Zuhörer hat die Aufgabe zu erraten, um welches Lied es sich handelt. Bevor der Zuhörer raten durfte, sollte der Klopfer auf einer Skala von 1 bis 10 schätzen, mit welcher Wahrscheinlichkeit sein Gegenüber das Lied erkennen wird. Im Laufe des Experiments klopften alle Probanden zusammen den Rhythmus von 120 Liedern. Die Zuhörer errieten nur drei davon, was einer Erfolgsquote von 2,5 % entspricht. Die Klopfer prognostizierten allerdings eine Erfolgsquote von 50 %. Warum? Wenn man einen Rhythmus klopft, ist es unmöglich, die dazu passende Melodie aus dem Kopf zu verbannen. Hingegen ist alles, was das Gegenüber hören kann, ein seltsamer Morse-Code. Und trotzdem waren die Klopfer verwundert, wie schwer es den Zuhörern fällt, die Melodie zu erkennen.

Folgende Schwierigkeit liegt dem zugrunde: Sobald wir etwas wissen, können wir uns kaum noch vorstellen, wie es ist, nicht über dieses Wissen zu verfügen. Es ist schwierig, neue Erkenntnisse mit anderen zu teilen, weil wir uns ihren Kenntnisstand nicht mehr vorstellen können!

Am besten können wir unsere Strategie klar formulieren, wenn wir uns an den Prinzipien des Elevator Pitch orientieren. Der Elevator Pitch ist ein kurzer Überblick einer Idee für eine Dienstleistung oder ein Produkt. Der Pitch soll in den (gedachten) 30 Sekunden einer Fahrstuhlfahrt das Wesentliche an dieser Idee zusammenfassen. Wesentlich beim Elevator Pitch ist der Einsatz von Bildern oder Beispielen, orientiert an der AIDA-Formel (Attention – Interest – Desire – Action). Entscheidend für den Erfolg ist die emotionale Ansprache.

Und damit suchen Sie die interne Öffentlichkeit – weil Sie etwas zu sagen haben. Suchen Sie den Dialog mit allen Mitarbeitern im Unternehmen. Veränderungsprozesse verlangen nach Erklärungen, Antworten und Ansporn. Unterstreichen Sie durch Ihre Kommunikation Ihre Kompetenz zur Problemlösung. Dadurch, dass Sie persönliches Engagement in wichtigen Themen zeigen, gewinnen Sie erheblich an Glaubwürdigkeit. Denn immer noch gilt die psychologische Erkenntnis: je persönlicher die Botschaft, desto größer ihre Wirkung. Das geht am besten direkt und zeitnah – und das bedeutet von Mensch zu Mensch.

Unternehmen geben viel Geld aus, um ihre Produkte den Kunden bekannt zu machen, um ihre Marke zu positionieren oder um für konkrete Aktionen zu werben. Die Werbeetats großer Unternehmen erreichen leicht ein Volumen von 500 Millionen Euro oder auch mehr – und das pro Jahr. Es ist nur passend, für ein wichtiges Projekt oder die Vermittlung der Strategie über Investitionen in „unternehmensinterne Werbung" nachzudenken.

Bei Ihrem Veränderungsprozess stehen für das Management wichtige Themen im Vordergrund: Wachstum, Steigerung der Marktanteile, Eintritt in neue Märkte. Prof. Dr. Stephan Jansen stellte fest: „Die Vernachlässigung der Kommunikation mit der Belegschaft ist ein erheblicher Misserfolgsfaktor." (Maurer, *Wirtschaft und Weiterbildung*). Vermitteln Sie durch geeignete Kommunikation das nötige Vertrauen der Mitarbeiter, den Wandel zu bewältigen. Schenken Sie den Mitarbeitern und ihrer Befindlichkeit ausreichende Aufmerksamkeit.

Mitarbeiter werden nämlich von anderen Gedanken bewegt: Sie stellen sehr persönliche Überlegungen an: „Auf uns, auf mich kommt etwas Neues und Unbekanntes zu! Was bedeutet das für meinen Job?" Mitarbeiter verspüren in solchen Phasen massiven Kontrollverlust, Ängste, den Verlust von Vertrautem. Je qualifizierter und sensibler Sie kommunizieren, desto erfolgreicher wird Ihre Aktion in den „weichen" Handlungsfeldern des Prozesses sein. Damit legen Sie den entscheidenden Grundstein für Ihren Erfolg.

Die wichtigste Aufgabe besteht darin, sicherzustellen, dass *alle* Mitarbeiter jederzeit das – begründete – Gefühl haben können, auf dem Laufenden zu sein. Das bedeutet, dass alle wichtigen Entscheidungen sofort mitgeteilt werden und dass die Mitarbeiterperspektive in Betracht gezogen wird. Natürlich wird es Entscheidungen geben, die den Interessen von Mitarbeitergruppen zuwiderlaufen. Aber: Sie wollen spüren, dass ihre Position als wichtig wahrgenommen und gewürdigt wird. Es ist von entscheidender Bedeutung, dass Sie die emotionale Betroffenheit aller Mitarbeiterinnen und Mitarbeiter wahrnehmen und entsprechend adressieren.

Erfolgreiche Veränderungen leben von einer starken Feedback-Kultur!

DO BEDEUTET HIER

- Fähigkeit, zwischen „dringend" und „wichtig" zu unterscheiden
- 10-Prozent-Management
- Allgemein verständliche Kommunikation der Aufgaben und Ziele

DO II – Rollenbeiträge klären

Bestimmen die von Ihnen definierten Prioritäten Ihr Tagesgeschäft?
Werden die Prioritäten von allen als sinnvoll erkannt?
Sind die individuellen Beiträge nachvollziehbar?

Klare Prioritäten und die Identifizierung der wesentlichen 10 Prozent sind nur ein erster Schritt. Klare individuelle Rollenbeiträge sind der nächste logische Schritt. Mitarbeiter wollen wissen, was von Ihnen erwartet wird – quantitativ und qualitativ.

Nachhaltige Motivation spricht rationale und emotionale Themen an. Eine gute Botschaft zeigt den Mitarbeitern die Möglichkeiten auf, zu wachsen und sich dabei zu entfalten! Gezieltes Lernen und die Möglichkeit zu neuen Erfahrungen schaffen ein Gefühl von Wertschätzung. Einbindung fördert Engagement. Einbindung bedingt Engagement. Wenn wir Mitarbeiter in Veränderungsprozesse involvieren, werden sie sich engagieren und in der Folge die gewünschten Resultate erzielen.

Involvierung bedeutet, dass wir das Handeln in unserem Veränderungsprozess konsequent auf alle Ebenen des Unternehmens übersetzen. Wenn jeder Mitarbeiter die Prioritäten versteht und ihre Bedeutung für sein Handeln erkennt, dann kann er sich seinen Möglichkeiten entsprechend beteiligen. Wir tun das gerne, was uns sinnvoll erscheint. Und wir wollen das Gefühl haben, dass wir wirklich einen Beitrag zum Erfolg leisten können. Nicht ein kleines Rädchen im Getriebe zu sein, sondern den Hebel an der richtigen Stelle anzusetzen – das befriedigt uns alle. So stärken wir Eigenverantwortung und Unternehmergeist. Weiß der Einzelne, was auf ihn zukommt beziehungsweise was von ihm erwartet wird, kann er gegenüber Kollegen oder Chefs kommunizieren: „Ja! Das ist eine Aufgabe für mich. Hier engagiere ich mich leidenschaftlich" oder „Stopp! Damit bin ich überfordert." So kann das Management rechtzeitig eine organisatorische Neuordnung oder eine effizientere Rollenverteilung erreichen.

Um Prioritäten richtig zu kanalisieren, müssen wir sie zuerst verstehen. Wesentlich ist dabei, sie mit den Augen des anderen, d. h. mit den Augen der Person zu sehen, die sie definiert und festgelegt hat. Wir fragen uns: Können Mitarbeitende gesetzte Prioritäten und ihren Entstehungsprozess nachvollziehen?

Ob wir etwas als sinnvoll oder sinnlos erkennen, entscheidet über Einsatzbereitschaft und Leistungswillen. Doch selbst wenn Prioritäten als sinnvoll erkannt sind, heißt dies nicht, dass Widerstände vollständig aufgehoben wären.

Die Aufgabe besteht dann darin, die individuellen Beiträge aufeinander abzustimmen, Kompetenzen und Stärken des Einzelnen zur Geltung kommen zu lassen und optimal zu Teamleistungen zu bündeln. Das Team wird stärker und die Veränderung wird plausibler. Die gewünschte Beteiligung kann gelebt werden. Dies ist die neue Art von Teambildung.

Seit gut zehn Jahren sind Outdoor-Trainings populär. Die Mehrzahl dieser Trainings findet zivilisationsnah als Residential statt – Module sind Spiele und Aufgaben, die oft in Parcours wie beispielsweise Seilgärten gelöst werden sollen. Diese Art zu trainieren fußt auf den erlebnispädagogischen Ansätzen aus den 40er-Jahren des letzten Jahrhunderts. Häufig werden auch Elemente des handlungsorientierten Lernens integriert. Die große Herausforderung dieser Trainings besteht darin, die im Feld erworbenen und häufig mit intensiven Erlebnissen verbundenen Erfahrungen nicht nur in geeignetes Lernen umzusetzen, sondern auch noch in den betrieblichen Alltag zu integrieren. Wenn das gelingt, ist es zumindest immer ein langwieriger Prozess mit vielen Einbußen durch die Komplexität und die Dauer der Umsetzung. Besser ist es, das Alltagslernen am konkreten Veränderungsprojekt unmittelbar für Verbesserungen zu nutzen. Dafür bietet die konkrete Bearbeitung der täglichen Aufgaben die besten Voraussetzungen – verbunden mit der direkten Reflexion der gesammelten Erfahrungen und der sofort darauf folgenden Optimierung.

Gewinner verstehen es, Prioritäten zu setzen und ihre Ziele klar zu vermitteln. Damit erreichen sie ein hohes Maß an organisatorischer Energie. Die passenden Beiträge der Mitarbeiter sichern den Erfolg des Veränderungsprojekts. Klare Prioritäten und an den Zielen ausgerichtetes Handeln schließen die Lücke zwischen der Strategie und dem operativen Handeln.

Strategische Ziele werden dafür definiert und messbar beziehungsweise überprüfbar gemacht. Dann kann ich diese in operative Maßnahmen übersetzen. In der Praxis geschieht in der Regel das, was geplant und gemessen wird. Bei der bloßen Konzentration auf Zahlen – Daten – Fakten kommen die für den Erfolg relevanten „weichen" Faktoren leicht zu kurz. Die Gefahr ist deshalb umso größer, weil Verhalten oder Kultur schwerer zu messen sind als Absatzzahlen. Orientiert am Führen mit Zielen kann ich die Implementierungslücke zwischen Strategie und operativem Handeln schließen. Wichtig sind die klare Formulierung der Strategie und der Ziele, die konsequente Kommunikation und die koordinierte Umsetzung.

Ziele bedeuten eine Vereinbarung mit den Mitarbeitern. Das heißt, dass gute Ziele als Ergebnis aus einem Dialog entstehen. Mitarbeiter werden immer dann engagiert arbeiten wollen, wenn sie Gelegenheit haben, an den Zielen mitzuwirken. Wenn sie ihren Beitrag eigenverantwortlich definieren können und wenn sie ihren Beitrag als sinnvollen und wichtigen Baustein der Strategieumsetzung erleben, werden sie die Sache zu ihrer eigenen machen.

„Tanz um dein Leben" lautet das Motto von Royston Maldoom, einem Tänzer und Choreografen. Er hat auf der ganzen Welt mit Kindern und sozial Benachteiligten gearbeitet. Der Film Rhythm is it zeigt, wie 250 Jugendliche, die meisten von Ihnen aus sozial schwachen Randgebieten Berlins, bei einem Projekt der Berliner Philharmoniker mitmachen. Diese Kinder, die weder körperlich noch mental jemals gefördert wurden, erhalten die Chance, mit professionellen Choreografen ein Ballett von Igor Strawinsky, *Sacre du Printemps,* zu erarbeiten. Ein Unternehmen, das mehrmals kurz vor dem Scheitern steht. Das Vorhaben folgt der Philosophie von Maldoom: „You can change your life in a dance class."

In seiner Autobiografie beschreibt er wichtige Kompetenzen, die für Unternehmen und für Unternehmer ebenso bedeutend sind. Er schreibt über Leidenschaft und Risiko: „... viele Menschen versuchen ein Leben lang, jedes Risiko zu vermeiden. Selbst wenn sie sich unbewusst nach neuen Erlebnissen sehnen, machen ihnen doch die damit einhergehenden körperlichen und emotionalen Veränderungen Angst." Und über die Kraft im Versagen: „Für einen Tänzer ist das Versagen ein ständiger Begleiter. Wir wissen, dass das Versagen ein großer Lehrmeister ist, ein Geschenk, das uns viel weiter bringt als vorübergehender Erfolg. In einer Zeit politisch korrekter Erziehung, in welcher dem ständigen Lob viel Wert beigemessen wird, ist es schwer für einen

Lehrer, seinen Schülern Versagen als Geschenk zu vermitteln." Genau diese Kompetenzen braucht es, um in unserer komplexen und sich schnell verändernden Welt erfolgreich zu sein.

 Jean-François Manzoni und Jean-Louis Barsoux von der bekannten französischen Managerschule INSEAD in Fontainebleau bei Paris betrachteten mehr als 3 000 Manager und ihre Formen der Interaktion mit ihren Mitarbeitern. Dabei stellte sich heraus, dass Manager als schwach eingeschätzte Mitarbeiter durch deutlich detaillierte Vorgaben und Anweisungen an die kurze Leine legten. Sie ließen sich intensiver berichten und fragten selbst häufiger den Sachstand ab. All dies verstanden die befragten Manager als Hilfestellung für den vermeintlichen Minderleister. Damit ging allerdings einher, dass auch gute Impulse und Ideen der betreffenden Mitarbeiter eher nicht zur Kenntnis genommen und befolgt wurden, sondern stattdessen nach einem für jede Situation vorhandenen Plan des Chefs zur Lösung verfahren wurde. Damit erlahmte die Eigeninitiative und vorhandene Fähigkeiten verkümmerten. Mediziner und Psychologen bezeichnen dieses Phänomen seit Martin Seligmans einschlägigen Arbeiten als „erlernte Hilflosigkeit". In dieser paradoxen Situation zeigen Mitarbeiter auch deshalb mangelhafte Leistungen, weil ihre Vorgesetzten für alles eine Lösung haben, statt diese zu fordern und angemessen zu bewerten.

Hier fehlen genau diese Bereitschaft zum Misserfolg und die Fähigkeit, Misserfolge und Fehler als Chancen zu begreifen. Doch gerade durch die Möglichkeit für den Einzelnen, seine Stärken voll auszuspielen und eventuelle Schwächen zu kompensieren, sichern wir das Commitment und die Nachhaltigkeit individueller Beiträge.

Wichtig sind – bekannte – Prioritäten, die Wahrnehmung persönlicher Effektivität und der eigene Beitrag aller Beteiligten. Dadurch sichern wir den Transfer von Fähigkeiten und Wissen im Team, kurz: Wir stellen Synergien her. So wird aus 2 + 2 = 5.

DO BEDEUTET HIER

- Transparenz und Nachvollziehbarkeit individueller Beiträge
- Engagiertes Commitment aller Beteiligten
- Incentivierung von nutzenstiftenden Beiträgen

DO III – organisatorische Energie steigern

Verfügen Sie über die nötige Energie für den Erfolg des Projekts?

Sind die Erwartungen klar definiert?

Stehen unternehmerisches Denken und Handeln im Mittelpunkt?

Es geht darum, Kräfte freizusetzen, die uns befähigen, ein hohes Maß an organisatorischer Energie aufrechtzuerhalten und zielführend einzusetzen. Engagement ist eine positive Größe, die nicht selbstverständlich ist. Warum also sollten sich Mitarbeiter entscheiden, alles zu geben? Die Mitarbeiter sind Teil der Lösung!

Nutzen Sie den Schwung der ersten 90 Tage und binden Sie die Mitarbeiter dauerhaft in das Erfolgskonzept ein. Auf diese Weise erreichen Sie ein hohes Maß an organisatorischer Energie. Jeder einzelne von Kenntnis und Empathie getragene Mitarbeiterbeitrag sichert den Erfolg Ihrer Projekte. Durch das erfolgreiche Zusammenspiel der einzelnen Elemente etablieren Sie den Schwung der ersten 90 Tage!

„Empowerment" ist der Sammelbegriff für Strategien und Maßnahmen, die den Grad an Autonomie und Selbstbestimmung von Menschen erhöhen. Menschen sind dann gut, wenn sie eigenmächtig, selbstverantwortlich und selbstbestimmt handeln können. Als Ergebnis beschreibt Empowerment den Zustand der Selbstverantwortung = Selbstkompetenz.

Empowerment im Unternehmen hat das Ziel, die Motivation der Mitarbeiter zu stärken. Flache Hierarchien, die Teilhabe an der Gestaltung sowie die positive Teamkultur unterstützen die Bereitschaft zur Übernahme von Verantwortung und das Engagement der Mitarbeiter. In diesem Umfeld wollen und können sie ihre Potenziale einsetzen.

Aus der Perspektive der Kunden betrachtet, ist Empowerment ein wichtiger Baustein für Kundenzufriedenheit. Denn Kunden wollen Lösungen und brauchen dafür Mitarbeiter mit Kompetenzen für eine Entscheidung und mit dem Mut, diese Entscheidungen zu treffen. Dazu brauchen Unternehmen kurze Wege für verbindliche Entscheidungen.

Ein wichtiges Element ist der Zugang zu Informationen; so lassen sich Situationen besser verstehen und verantwortliches Handeln wird leichter. Umfassende Informationen ermöglichen es den Mitarbeitern, die Strategien des Unternehmens wirklich zu verstehen und ihr eigenes Handeln daran auszurichten. Das ist möglich, wenn sie ihren eigenen Beitrag zum Erfolg kennen.

In dem Buch *The Nordstrom Way: The Inside Story of America's #1 Customer Service Company* wird James F. Nordstrom mit den folgenden Worten zitiert: „Menschen werden dann hart arbeiten, wenn sie die Chance haben, die Arbeit so zu machen, wie sie es am besten finden, wenn sie ihre Kunden so behandeln können, wie sie selbst behandelt werden möchten. Wenn man ihre Initiative unterbindet und ihnen Regeln gibt, bumm, schon hat man ihre Kreativität getötet."

Diese organisatorische Energie schafft die notwendige Kombination aus kognitiven, emotionalen und operativen Fähigkeiten und bindet auf diese Weise alle entscheidenden Kräfte, um unternehmerische Ziele zu verwirklichen. Nur mit einem hohen Maß an organisatorischer Energie wird es Unternehmen gelingen, Produktionssteigerungen oder nachhaltiges Wachstum zu erzielen. Es ist also an der Zeit, diese simple Realität anzuerkennen und die Aufmerksamkeit darauf zu lenken, wie Organisationen Energien am effizientesten freisetzen, um zu gewinnen.

Auf dem 17. Bodensee Forum 2008 definiert Heike Bruch organisationale Energie als die Kraft, mit der Unternehmen arbeiten und Dinge bewegen. Die Stärke organisationaler Energie zeigt an, in welchem Ausmaß Unternehmen ihr Potenzial zur Verfolgung zentraler Unternehmensziele aktiviert haben. Zu den erfolgreichen Strategien vitaler Unternehmen zählen die Entwicklung einer Handlungskultur und eine starke Führung in der Linie. Die Mitarbeiter in solchen Unternehmen handeln entschlossen, um Probleme zu lösen, sie fühlen sich durch ihre Arbeit inspiriert und ihnen ist die Entwicklung des Unternehmens wichtig.

Jede Führungskraft steht vor der Herausforderung, das hoch motivierte Drittel der Mitarbeiter zu identifizieren und gezielt in die Aktivitäten einzubinden. Damit kann ich auch das nächste Drittel der eher indifferenten Mitarbeiter verbessern. Trennen Sie sich in Ihrem Projekt aber auch konsequent von dem Drittel, das sich nicht ausreichend mit dem Projekt identifiziert.

John P. Kotter stellt dazu in seiner Schrift *Heart of Change* fest: Veränderungsprozesse, die auf einen längeren Zeitraum angelegt sind, bringen das Tagesgeschäft von Mitarbeitern nachhaltig durcheinander. Wohlbekannte Zusammenhänge sowie eingespielte Arbeitsabläufe geraten ins Wanken. Umso dringender ist eine allgemein verständliche Kommunikation zukünftiger Aufgaben und damit verbundener Ziele. Zunächst einmal muss klar sein, was es überhaupt bedeutet, den „Business-Prozess zu verändern". Was heißt es, sich in ein „global operierendes Unternehmen" zu verwandeln? Oder was verbirgt sich hinter dem Begriff „innovative Unternehmenskultur"? Menschen können nicht langfristig über etwas nachdenken, was sie im Detail nicht verstehen. Und Ihrerseits können Sie nicht großspurig von Zukunft reden, wenn einfache Prioritäten und Ziele, die Ihr Tagesgeschäft definieren, nicht allgemein verstanden und akzeptiert sind.

Umsetzungsprozesse verlaufen oft in einem Wirrwarr operativer Tätigkeiten. Dabei verdienen die wesentlichen Prioritäten den Vorrang. Sinnvoll genutzte Umsetzungsenergien führen zu unmittelbaren Erfolgen und damit einer Erhöhung Ihrer organisatorischen Energie.

Im Modul „DO III – organisatorische Energien steigern" konzentrieren Sie sich darauf, die im Verlauf eines Projekts nötigen Kräfte zu bündeln und sie zu erhalten! Gegenseitige Erwartungen von Führung und Mitarbeitern werden sauber definiert, Sie können unnötige Energieverluste deutlich machen und im Sinne unternehmerischen Denkens ein hohes Maß an organisatorischer Energie aufrechterhalten.

Das Niveau organisatorischer Energie hängt von der Klarheit der Erwartungen ab. Für ein Höchstmaß an organisatorischer Energie benötigen wir demnach klare Ziele und Erwartungen, klare Rollen, eindeutige Feedbacksysteme und klar definierte Aktivitäten. So mobilisieren wir unsere Kräfte auf dem Weg zum Gewinnen und setzen sie systematisch ein. Durch gegenseitige Bestärkung fördern wir ein hohes Maß an organisatorischer Energie. Erfolgreiche Unternehmen setzen die Fähigkeiten ihrer Mitarbeiter gezielt ein. Das entwickelt Vertrauen und eine positive Einstellung. Notwendige Aktivitäten werden ausgeführt und unternehmerisch angepackt.

Engagement ist eine positive Größe, die aber nicht selbstverständlich ist. Warum sollen sich Mitarbeiter entscheiden, im Rahmen ihrer Projekte alles zu geben?

Nichts, was wir aussenden, geht verloren. Im Gegenteil! In der Teamarbeit vervielfachen sich Energien. Ob diese positiv oder negativ wahrgenommen werden, hängt von uns ab. Opfer- oder Frustrationshaltungen wirken sich negativ auf das gesamte Team aus.

Schauen Sie einmal auf diese Rechenaufgaben:

3+3=6

4×2=8

6+5=11

16÷4=4

35+6=42

6×3=18

Was fällt Ihnen auf?

In den meisten Fällen weisen wir sofort auf den Fehler hin,

35+6 sind schließlich 41!

> Und genau dort liegt ein Problem: Anstatt sich über sechs von sieben richtig gelöste Aufgaben zu freuen, tendieren wir dazu, den einzigen Fehler hervorzuheben.

Gutes Training im Sport sieht anders aus: Ein guter Trainer investiert 90 % seiner Zeit in die sechs richtig gelösten Aufgaben. 10 % werden für Analyse und Kritik eines verpatzten Spiels veranschlagt. So motiviert man Teams und hält Energien aufrecht. Firmen mit hoher organisatorischer Energie richten Ihre Energie auf die Mitarbeiter mit den besten Beiträgen. Diese Mitarbeiter werden gezielt identifiziert und gefördert. Statt auf das Erkennen von Fehlern bei vielen richten solche Unternehmen ihre Aufmerksamkeit gezielt auf die Identifizierung von Spitzenleistungen – die Ergebnisse zählen. Und die besten bekommen auch die beste Aufmerksamkeit und die besten Ressourcen – natürlich ist die „Champion-Philosophie" mit dem Anspruch verbunden, dass die Besten flexibel bleiben und immer wieder ihren Anspruch durch Ergebnisse untermauern können.

Die ersten 90 Tage Ihres Projekts sind überlebenswichtig! Sie wissen den Schwung des Gewinnens zu etablieren. Klarheit in der Kommunikation und entsprechend sinnvolle, von Empathie getragene Beiträge erzeugen die nötige Bewegungsenergie. Sie sollen die Nachhaltigkeit des Gewinnens fördern. Nutzen Sie den Schwung der ersten 90 Tage und binden Sie die Mitarbeiter dauerhaft in ein Erfolgskonzept ein.

Es ist wichtig zu akzeptieren, dass es *immer* zu wenig Ressourcen gibt. Wir verfügen nie über ausreichend Menschen, Ressourcen und Zeit. Erfolgreich ist derjenige, der es versteht, mit den gegebenen Ressourcen zum Ziel zu kommen.

DO BEDEUTET HIER:

- Sicherung eines hohen Energieniveaus
- Klar definierte Erwartungen
- Unternehmerisches Denken und Handeln

Fazit: Move it or lose it

Für konsequentes Handeln gibt es keinen Ersatz. Ohne Handeln gibt es keine Ergebnisse.

Jedes Unternehmen und jeder im Unternehmen möchte schneller von A nach B gelangen. Die Geschwindigkeit der Umsetzung ist der zentrale Wettbewerbsvorteil. Diesen gilt es zu nutzen. Das neue Zukunftsbild wird in der Form strategischer Projekte umgesetzt. Respektieren Sie das Primat des Handelns. Es ist wichtig, Entscheidungen zu treffen und diese dann konsequent umzusetzen. Das Unternehmen durchläuft dabei verschiedene Phasen des Veränderungsprozesses. Mit der Ankündigung neuer strategischer Projekte verlässt das Unternehmen den Hafen der Stabilität und begibt sich in die Instabilität. Dies ist der erfolgskritische Augenblick. Die Mitarbeiter brauchen klare Ziele und Energie für das Verlassen der Komfortzone.

Konzentrieren Sie sich darauf, die Veränderungen rasch und vor allem konsequent durchzuführen. Organisation und Mitarbeiter brauchen Orientierung. Es lohnt sich, die Mitarbeiter gezielt einzubinden. Sie wissen meist genau, was zu tun ist, um die strategischen Projekte umzusetzen. Sie haben den Sinn und das Gespür für das Machbare und für den Erfolg. Eine offene Diskussionskultur über Hierarchien und Abteilungen hinweg fördert die Qualität der Maßnahmen und der Lösungsansätze. Teamprozesse gewinnen an Bedeutung und werden von den einzelnen Mitarbeitern als nützlich erfahren. Dies fördert die Motivation. Führung bedeutet Coaching, Moderation und Zuhören. Es gilt, ein Klima des Vertrauens aufzubauen, das das Gefühl von Sicherheit in der imperfekten Welt vermittelt.

Sicherheit wird durch die klare, formale Prozessarchitektur vermittelt, ohne dabei inhaltliche Botschaften zu verkünden. Die Inhalte und Maßnahmen werden jetzt erst erarbeitet. Die Führung unterscheidet klar zwischen dringend und wichtig, so kann realistisch priorisiert werden. Die Rückkoppelung der gefällten Entscheidungen mittels Feedback und verständlicher Kommunikation der Aufgaben und Ziele sichert das Commitment aller Beteiligten.

„Do you win – or are you still busy?" DO beschreibt die Kraft des Handelns. Die Fähigkeit, Prioritäten zu setzen, individuelle Beiträge gewinnbringend aufeinander abzustimmen, Veränderungsprozesse als Bereicherung zu empfinden und dabei ein hohes Maß an organisatorischer Energie aufrechtzuerhalten, ist Inhalt einer erfolgreichen, aktiven Vorwärtsbewegung.

Simplify to the Max: gemeinsames Grundverständnis

Sie richten Ihr Augenmerk auf das Management von Prioritäten. Ihr Ziel ist die kurz- und langfristige Umsetzung des Projekts.

AKTIONEN:

- Abstimmung: wichtige >< dringliche Aktivitäten
- Abgleich: wahrgenommene Prioritäten
- Gemeinsamkeiten >< Unterschiede bei den Teammitgliedern
- Abgleich: anteiliger Energieeinsatz: strategische >< krisenbestimmte Aktivitäten und Routine- >< Bürokratie-Aktivitäten
- Bestimmung strategisch relevanter Prioritäten
- Aktionsplan
- Kommunikationsplan – Stakeholder im Fokus

Make it meaningful: gelungene Orchestrierung

Die individuellen Beiträge werden aufeinander abgestimmt, Teamprozesse gewinnen an Bedeutung. Sie erfahren Veränderungen als Bereicherung.

AKTIONEN:

- Abstimmung: Relevanz der Prioritäten im Tagesgeschäft
- Gemeinsamkeiten >< Unterschiede?
- Abgleich: Teamziele >< individuelle Beiträge
- Redundante >< unbearbeitete Handlungsfelder bestimmen
- Änderungen festlegen
- Aktionsplan

Mobilize Energy: Ausdauer im Rennen

Sie mobilisieren Ihre Kräfte auf dem Weg zum Gewinnen und setzen sie gezielt ein. Durch gegenseitige Bestärkung fördern Sie ein hohes Maß an organisatorischer Energie.

 AKTIONEN:

- Abstimmung: klar definierte Erwartungen + Leistungsvermögen
- Festlegung: Energiespender >< Energiefresser + Änderungsbedarf
- Erwartungen an Teamführung – Team – individuelle Mitglieder
- Stärken >< Schwächen / individuell >< Team
- Bedingungen für den Aufbau organisatorischer Energie
- Aktionsplan

9 GET – RESULTATE VERBESSERN

Resultate sind entscheidend. Die Resultate werden allerdings nie genau so sein, wie es die Leitung des Unternehmens erwartet. Letztendlich entscheiden aber Resultate über die Zukunft des Unternehmens. In der imperfekten Welt geht es um einen neuen Umgang mit den Resultaten.

Zunächst braucht es eine sofortige Akzeptanz der Ergebnisse. Dann brauche ich ein nach vorne gerichtetes Reframing in der Auswahl der Resultate nach nützlich und nicht nützlich.

Die imperfekte Welt bewältige ich step by step. Nach der Methode von Versuch und Irrtum gilt es, auch die kleinen Erfolge anzuerkennen und zu würdigen.

Um dies tun zu können, braucht es bei der steigenden Dynamik und der zunehmenden Volatilität des Führungsumfeldes Rituale. Rituale sind Zonen der Stabilität, sie sind Anker im rauen Meer der Veränderung.

Diese Rituale aus Gründen der Ressourcenknappheit abzuschaffen, ist eine Todsünde. Gewinnen kann ich nur, wenn ich an diesen erfolgsorientierten Signalen festhalte.

Erfolge anzuerkennen und zu würdigen sendet den Mitarbeitern wichtige Botschaften und gibt ihnen die nötige Energie, sich weiterhin zu engagieren. Uns auf der

Gewinnerseite zu wissen wirkt inspirierend und erhöht die Bereitschaft, hundertprozentigen Einsatz zu bringen.

Erfolgreiche Unternehmen pflegen eine wachstumsorientierte Grundhaltung. Dazu prüfen sie den Gehalt und die Wirkung ihrer Projekte. Eine besondere Rolle spielen dabei die „weichen Faktoren" – die Einstellung und Motivation der Mitarbeiter. Sie lernen aus den Ergebnissen und verändern sich konsequent.

Bei all den Veränderungen im Unternehmen stehe ich vor dem Dilemma, dass die meisten Veränderungen zu wenig und zu wenig nachhaltig gemessen werden. „What gets measured, gets done." Darum sind kontinuierliche Messungen zur Prüfung relevanter Parameter wichtig. Das Schlüsselwort ist hier „kontinuierlich" – gemessen werden sollte nicht nur dann, wenn es Probleme gibt. Die regelmäßige Überprüfung der wesentlichen Einstellungen und Ergebnisse sollte zur kontinuierlichen Praxis erhoben werden. Nur die Messung der emotionalen Ebene sichert den vollständigen Einblick in alle den Erfolg bestimmenden Faktoren eines Projekts.

Bei den Resultaten geht es darum, dass Unternehmen, die der Methode „Never give up!" folgen, am Ende auch erfolgreich sind. Die mögliche Irritation durch Fehler oder Rückschläge darf nicht dazu führen, dass ich mich entmutigen lasse. Resignation ist der Todfeind Nr. 1 jeder Führungskraft in der imperfekten Welt. Erfolg habe ich dann, wenn ich neu ansetze, immer bereit bin, es wieder und wieder zu versuchen und auch neue Wege auszuprobieren. Richtig ist es, den Weg zum Ziel als Prozess zu sehen und dabei jeden einzelnen Schritt bewusst und konsequent zu machen. Aus jeder einzelnen Veränderung kann ich lernen und mein weiteres Handeln konsequent daran ausrichten.

Die Steuerung der Resultate verliert nicht an Bedeutung, der Weg führt vielmehr über die in harten Zahlen messbaren Resultate hinaus. Der Tennisspieler, der auf die Wand schaut und sieht, dass ihm noch drei Bälle zum Sieg fehlen, der wird den Flow verlieren und auch das Spiel. Das dreidimensionale Denken und Handeln verstärkt die Orientierung auf die Resultate.

Erfolgreiche Unternehmen schaffen dadurch ein gleichbleibend hohes Leistungsniveau, ausgerichtet auf exzellente Resultate. Das ist nur möglich vor dem Hintergrund hoher Motivation und dauerhafter Lernbereitschaft.

Bedingungen des Gewinnens sind dabei
1. eine gesunde mentale Härte,
2. die schnelle Anpassung und der gewinnende Umgang mit Niederlagen sowie
3. die konsequente Arbeit an der Strategieumsetzung.

„Wir sollten von den Chinesen lernen – die haben das gleiche Schriftzeichen für Krise und Chance." Diese chinesische Weisheit wurde schon von John F. Kennedy und Friedrich von Weizsäcker zitiert.

Diese Weisheit ist so leider nicht vollkommen korrekt. Das chinesische Schriftzeichen 危机 (Weiji) bedeutet „Krise" (wörtlich: „Gefahr in einem wichtigen Moment"). Das Schriftzeichen 机会 (Jihui) bedeutet „Chance". Beiden Wörtern gemein ist das Zeichen 机 (ji). Dieses kann in manchen Kombinationen die Bedeutung „Gelegenheit" annehmen, nach übereinstimmender Meinung von Experten allerdings nicht in diesem Zusammenhang.

Gleichwohl ist der Ansatz fruchtbar – denn warum sollten wir nicht aus Krisen lernen und die Krise als Neubeginn begreifen? Wir müssen nicht zwingend auf die – vorgeblichen – Weisheiten jahrtausendealter Kulturen zurückgreifen. Niemand hindert uns daran, den Grundgedanken aufzugreifen und gerade danach zu fragen, welche Chancen uns Niederlagen oder Krisen bieten. Sie reißen uns aus der Gleichgültigkeit, sie zeigen uns aktuelle Grenzen auf und können gerade dadurch Kraftreserven mobilisieren. Vielleicht haben wir unsere Grenzen eben doch noch lange nicht erreicht?

Meisterschaft in der Unternehmensführung ist das Streben nach dem Unmöglichen, um das Mögliche zu erreichen. Wollen Sie Mitarbeiter, die nicht nur die Decke sehen, sondern den Himmel? Denken Sie ohne Grenzen und arbeiten Sie daran, Ihr Potenzial zu erweitern.

Von Albert Einstein stammt vermutlich der Satz „Wir nutzen nur 10 Prozent unseres geistigen Potenzials". Damit beschreibt er sicher zu Recht, dass die meisten Menschen zu geringe Anstrengungen unternehmen, um ihre wirklichen Möglichkeiten auszuschöpfen. Ein schöner Nebengedanke ist in der Tatsache verborgen, dass 100 die erste Potenz von 10 ist. Mit diesem „Sprung" in die nächsthöhere mathematische Dimension ist die Idee eines Quantensprungs verbunden. Genau dieser Quantensprung ist für Sie möglich, wenn Sie mehr tun, als zehn und zehn nur zu addieren.

Ein solcher Quantensprung ist die Entwicklung vom individuellen Lernen zum organisationalen Lernen. Die Bedeutung von Lernen und Wissen für Unternehmen hat sich nachhaltig verändert. Lernen ist von der individuell bedeutsamen Aktivität zu einer Qualität und Kompetenz des Unternehmens als Ganzen geworden.

Entwicklungszyklen bspw. für neue Produkte sind um Zehner- und Hunderterpotenzen verkürzt, die Produktionsreife muss immer schneller erreicht werden, die „Time to Market" ist drastisch verringert. Relevante Parameter für den erfolgreichen Wettbewerb sind die Fähigkeiten zur Innovation, zur stetigen Verbesserung und zum Lernen. Die Lernfähigkeit des Systems ist zu einer notwendigen Fähigkeit im Wettbewerb geworden.

Dazu gehört die Fähigkeit, etablierte und auch lieb gewonnene Inhalte und Prozeduren schnell und drastisch zu ändern und das damit verbundene Verhalten zu verlernen. Die Fähigkeit zu neuem Verhalten muss schnell aufgebaut werden. Veränderungen in der Lernkultur und in der Nutzung des Wissens in Unternehmen setzen also auch immer eine spürbare Veränderung der Unternehmenskultur voraus.

Lernen von Organisationen findet immer dann statt, wenn die Spanne potenziellen und realisierten Verhaltens erkennbar erweitert und verändert wurde. „Lernen" als in der Organisation verankertes Verhalten führt zu besserer Handlungsfähigkeit, zur Anpassung in Veränderungsprozessen, ermöglicht eine bessere Erfassung und Wahrnehmung und sichert somit die schnellere Anpassung und Integration der einzelnen Subsysteme einer Organisation.

Probst & Büchel nennen wichtige Handlungsfelder für eine lernende Organisation:

Das erste Feld ist das des Wissens, das sich auf das Niveau der Lerninstrumente bezieht. Wichtige Gesichtspunkte sind der organisierte Abbau von Lernhindernissen, die Instrumente selbst und ihre Prozessorientierung.

Im zweiten Feld wird das Wollen beschrieben, das Niveau der Lernbereitschaft. Hier sind das Wertebewusstsein, die ethischen Grundlagen des Handelns und die Kommunikation und Transparenz der Werte bedeutsam.

Im dritten Feld geht es um das Können, das Niveau der Lernfähigkeit. Dieser Begriff beinhaltet die Möglichkeiten zur Speicherung von Wissen, die Fähigkeit zur Analyse und Lösung komplexer Probleme sowie das Ausmaß der Kooperation bei diesen Aktivitäten.

Wissen und Lernen haben für das Unternehmen immer dann eine Bedeutung, wenn eine Verbindung zur Strategie oder zu aktuellen Kernprozessen hergestellt wird.

Die Aufgabe der Führungskraft in diesem Kontext besteht darin, den Lernbedarf zu erkennen, Wege zum Lernen zu ebnen und sowohl die Mitarbeiter als auch die Organisation ständig zum Lernen herauszufordern.

IM GET STELLEN WIR UNS DREI ZENTRALE FRAGEN:

Wie handeln Sie bei Abweichungen in den Resultaten?

Wie messen Sie „weiche Faktoren"?

Wie bleiben Sie in der Erfolgsspirale?

GET I – Erfolgsspirale schaffen

Welche Rituale sichern den Verbleib in der Erfolgsspirale?

Welche Schritte sind auf dem Weg zum Erfolg entscheidend?

Welches Image hat unser Veränderungsprojekt?

Schnelle Gewinne sind eine wesentliche Bedingung für nachhaltigen Erfolg. Jedes erreichte Teilziel ist ein kleiner, aber wesentlicher Gewinn für Ihr Vorhaben. Erfolgreiche Veränderungsprozesse leben davon – und davon, diese Erfolge zu feiern. Feiern verankern das Neue auf der emotionalen Ebene. Rituale machen Erfolge sichtbar. Die Beteiligten erleben dieses anspornende Feedback, sie empfinden sich als Teil des Erfolgs. Dies verbreitet Stolz und Identität und schafft eine neue Kultur des Gewinnens. Neues will emotional verankert werden, Erfolge werden mithilfe von Ritualen sichtbar gemacht.

> Wir leben inzwischen in den Zeiten des Web 2.0. Mit diesem Begriff verbindet sich neben spezifischen Technologien vor allem eine andere Wahrnehmung und Nutzung des Internets. Statt bloß nach Informationen zu suchen, sind die Nutzer inzwischen zu Gestaltern geworden. Sie erstellen, bearbeiten und verteilen Inhalte. Begünstigt durch entsprechende technische Möglichkeiten sind Instrumente wie Wikis (inhaltlich freie vom Nutzer gestaltete Seiten), Weblogs (Tagebuch), Podcasts (Audio- und Videodateien) oder soziale Netzwerke wie Facebook entstanden und inzwischen Alltag.
>
> All diese – und sicher noch weitere – Instrumente können Sie natürlich heute zur Gestaltung Ihres Projekts nutzen – eine gemeinsam gepflegte zentrale Wissensplattform, ein Projekttagebuch, Foren zum Meinungsaustausch und dergleichen mehr können die Kommunikation über den persönlichen Austausch hinaus in vollkommen neue Dimensionen führen.

Der Kreislauf des Gewinnens sichert die Kontinuität des Gewinnens. Auf dem Weg zum Erfolg braucht es viele Zwischenschritte. Es wird Erfolge geben, kleine und große, aber auch Überraschungen, Misserfolge und Rückschritte. Gewinner erkenne ich daran, dass sie Erfolge feiern und Niederlagen akzeptieren.

Diese Kontinuität des Gewinnens schafft Erfolgsbewusstsein und stärkt das Vertrauen in zukünftige Leistungen. Exzellente Unternehmen wissen um das Potenzial erfolgsgebundener Rituale und schaffen Verankerung im Betriebsalltag. So können Sie diese Rituale nutzen, um eine Kultur stimulierenden Feedbacks und ein positiv vereinnahmendes „Winning Image" zu entwickeln.

Peter Bregnan schreibt in der *Harvard Business Review*, wie er beim zweiten Ansehen des Films *The Last Samurai* auf die Bedeutung von Ritualen aufmerksam wurde: „Dieses Mal hat mich eine Szene am stärksten berührt, die mir beim ersten Mal nicht einmal aufgefallen war: ein Samurai, der Tee trinkt. Er saß an einem niedrigen Tisch, bewegte sich sehr bedächtig, konzentrierte sich nur auf seinen Tee. Er war konzentriert. Dann goss er den Tee ein. Er nippte an seiner Tasse, probierte den Tee, und dann schluckte er ihn hinunter. Mir wurde klar, dass daraus die Stärke des Samurai erwuchs. Seine Beweglichkeit ... war nur eine weitere Demonstration seiner Stärke. Die eigentliche Quelle waren die Teezeremonie und viele andere gleiche Rituale. Seine Stärke als Krieger rührte von seiner Geduld, seiner Präzision, seiner Aufmerksamkeit für Kleinigkeiten, seiner Konzentration und seiner Achtung für den Augenblick her."

Gerade aus dem Sport kennen wir solche Rituale, wir wissen um ihre Bedeutung für den Zusammenhalt der Mannschaft und um ihre Symbolik – sie sind Garanten für den späteren Sieg. Denken Sie nur an den Kreis, den eine Eishockeymannschaft vor dem Spiel bildet, oder an das Abklatschen der Spieler nach einem Tor.

 Die All Blacks, die neuseeländische Rugby-Nationalmannschaft, führen vor jedem Länderspiel einen Haka auf. Der Haka ist Teil eines festgelegten Zeremoniells der Maori, von den All Blacks wird er als ein Mittel genutzt, um sich für das Spiel Mut zu machen und den Gegner zu beeindrucken. Ursprünglich ist der Haka ein Ritualtanz der Maori zur Einschüchterung des Gegners, begleitet von einem Sprechgesang.

Rituale haben im Sport eine ganz besondere Bedeutung. Das Ziel ist im entscheidenden Moment bereit zu sein und aus vielen Einzelkämpfern ein Team zu bilden. So mannigfaltig die verschiedenen Rituale, so vielfältig sind auch die Ziele, die damit erreicht werden können. Rituale haben ihre Bedeutsamkeit in der Verfestigung von Erfolgen. Um die Ressourcen für den Erfolg zu mobilisieren, zu multiplizieren und wiederholbar zu machen, nutzen wir Strukturen des Unterbewusstseins.

Rituale haben die Kraft, einzelne Handlungen im Strom unserer Aktivitäten herauszuheben und mit Bedeutung aufzuladen. Rituale schaffen Aufmerksamkeit. Bewusstes Handeln ist fokussierter, konsequenter und erfolgreicher. Diese Verhaltensweisen können wir auch im Unternehmen erkennen und verstärken – zu Ritualen machen und wiederholen. Solche Rituale helfen, Stabilität und Konsistenz zu entwickeln. Mit welchen Ritualen und Symbolen können wir unsere Erfolge verankern und auch in der Zukunft abrufbar machen?

Die Zeremonie für den Arbeiter des Monats in China verläuft anders als hierzulande, doch eines haben diese Rituale der Anerkennung gemein: Sie sind Teil derselben Unternehmenskultur. Sie werden von Mitarbeitern und Kunden gleichermaßen geschätzt. Solche Rituale repräsentieren ein Muster, mit dem der erfolgreiche „Zieleinlauf" sichtbar gemacht und gefeiert wird.

Erfolge anerkennen und Erfolge würdigen – das verschafft Mitarbeitern mehr als kurzfristige Befriedigung. Es verleiht ihnen die Kraft, auf hohem energetischem Niveau weiterzumachen. Richtig motivierende Führungskräfte erkennen die Anstrengungen ihrer Mitarbeiter und erkennen sie an. Sie fördern damit deren Ehrgeiz, sich weiterhin in besonderem Maße einzubringen.

Ein zentrales Element ist die Wiederholung. Die Erinnerung an gemeinsam gefeierte Erfolge ist eine der Grundbedingungen im Kreislauf des Gewinnens. Wann immer wir uns motivieren und aufbauen wollen, greifen wir auf die „Erinnerung des Gewinnens" zurück.

Erfolg macht sexy. Uns auf der Gewinnerseite zu wissen inspiriert uns und erhöht die Energie zur Umsetzung. Es schafft die Bereitschaft, hundertprozentigen Einsatz zu bringen. Geteilter Stolz führt Unternehmen zu maximaler Leistung und fördert die Loyalität der Mitarbeiter. Dieser Stolz und die gemeinsame Identität lassen uns selbstbewusst und neugierig nach vorne blicken.

Erfolgreiche Unternehmen zeichnen sich durch drei Qualitäten aus:
- Anerkennung von Erfolgen
- Verankerung von Ritualen
- Verbreitung von Stolz und Identität

Symbolische Handlungen sind wirksam, um strategische Umsetzungsprozesse zu unterstützen. Selbst einfache Rituale wie regelmäßige Zusammenkünfte, der Gebrauch gemeinsamer Sprachcodes oder Anekdoten bilden Gemeinschaft. So kommt der Bann des Beschwörenden – das als Tiefstes in Ritualen lebt – auch bei der Implementierung von Strategien positiv zum Tragen.

Führung braucht Rituale. Sie machen den „kleinen" Unterschied aus. Das sind vielleicht Begrüßungen oder Abschiede oder die Art und Weise, wie ein Meeting geleitet wird. Diese Mikro-Rituale beeinflussen unser tägliches Miteinander. Die scheinbar kleinen, wiederholten Gesten sind es, die zu fatalen oder fulminanten Ergebnissen führen. Wenn Unternehmen scheitern, liegt das allzu oft am Fehlen geeigneter persönlicher und strategischer Rituale.

Aus den USA wissen wir, dass viele Topmanager mit ihrem Auftritt persönliches Engagement und klare Botschaften verbinden. Legendär sind die Auftritte von Steve Ballmer, beispielsweise sein „Monkey Dance". Und auch Howard Schultz ist groß darin. Berühmt ist er dafür, dass er eine Tasse Kaffee in die Menge der Mitarbeiter hält und laut ruft: „Kaffee macht uns zu Millionären! Sagt allen euren Bekannten, dass sie nur noch Starbucks-Kaffee trinken sollen." – „Und jetzt", schreibt das *Manager Magazin*, „fast wie auf Knopfdruck, Applaus und schier unbändiger Enthusiasmus ... Jubelstürme und ungeahnte Identifizierung mit dem Arbeitgeber."

Rituale können besonders bei Veränderungen Orientierung geben. Sie schlagen eine Brücke zwischen dem Unternehmen und dem Einzelnen – sie sind wichtig für eine positive Grundstimmung im Unternehmen. Sie sind Ausdruck der Identifikation mit dem Unternehmen, dem Betriebsklima, dem vorherrschenden Führungsstil. Die Unternehmenskultur ist das Kriterium, welches das Unternehmen positiv von Wettbewerbern unterscheidet – oder der Faktor, der verhindern kann, erfolgreicher oder innovativer zu sein als die anderen.

Rituale prägen das soziale Leben der Menschen. Sie vermitteln Sicherheit, sind gemeinschaftsbildend, entlastend und finden weitgehend nonverbal und an den Körper gebunden statt.

Der Begriff „Unternehmenskultur" bezeichnet die bewusst und unbewusst vorhandenen Werte, Denkmuster und Normen, Zeichen und Rituale. Diese beeinflussen das Verhalten aller Mitarbeiter und haben damit auch Auswirkungen auf das Unternehmen als Ganzes. Eine positive Kultur motiviert.

Diese Unternehmenskultur hat ihre eigene Logik. Sie definiert den Handlungsspielraum im Unternehmen, erwünschtes und nicht erwünschtes Handeln. Es gibt übergeordnete Spielregeln, die für das ganze Unternehmen gelten, und solche für einzelne Organisationseinheiten. Veränderungen haben nur dann eine Wirkung im Unternehmen, wenn ich das Gewünschte in konkrete Handlungen übersetzen kann. Und dieses neue Verhalten stützen wir am besten durch Rituale.

Rituale kennzeichnen Übergänge, Abschiede und Anfänge in der Entwicklung eines Unternehmens. Sie dienen dem Wissen um die Zugehörigkeit zum Unternehmen und dem Erleben der Gemeinschaft. Rituale knüpfen an die Ressourcen der Mitarbeiter und Führungskräfte an, können deren innere Verbundenheit mit dem Unternehmen stärken und bewirken Berechenbarkeit.

Zu allem Kult und allen Ritualen gehört Wiederholung. Die Erinnerung an gemeinsam gefeierte Erfolge ist eine der Grundbedingungen im Kreislauf des Gewinnens. Wann immer die Notwendigkeit aufbauender Motivation gegeben ist, greifen wir auf die Erinnerung des Gewinnens zurück.

Erfolgreiche Unternehmen verstehen Symbole und Rituale als festen Bestandteil ihrer Zielplanung. Mitarbeiterleistung entsprechend zu würdigen gehört zur „Strategie des Gewinnens".

Von der Gehirnforschung lernen wir, dass den Erfolg begleitende Rituale einen starken Belohnungswert in sich tragen. Sie vermitteln ein Gefühl von Sicherheit und Geborgenheit und reduzieren die Angst vor der Zukunft. Die Ausbildung von Gewohnheiten und Routinen und das Festhalten an ihnen entlastet unser Gehirn auch kognitiv – und auch das ist eine Belohnung. (vgl. dazu Roth, G.: *Höchstleistung – wie funktionieren Intelligenz, Kreativität und Motivation?*)

Die Anthropologie lehrt uns, dass in Momenten von Lob und Anerkennung unser Grundbedürfnis nach Selbstdarstellung zum Ausdruck kommt. Wir können uns damit in unserer Individualität behaupten. Wir wollen mit all unseren Möglichkeiten wahrgenommen werden. Erfolgsgebundene Rituale versichern uns unserer Potenziale.

Haben wir unsere Aufgaben richtig umgesetzt (DO), erzielen wir (GET) die gewünschten Resultate. Um auf Dauer erfolgreich zu sein, machen wir Gewinnen zu einer Langzeiterfahrung.

Kontrolle über Ereignisse erfahren wir dann, wenn wir glauben, dass wir das Ergebnis einer Aktion maßgeblich beeinflussen können. Kontrolle erfahren wir auch, wenn wir meinen, ein erzieltes Ergebnis erklären zu können. Wenn wir hingegen das Gefühl haben, Ereignisse oder Zustände nicht kontrollieren zu können, so beeinträchtigt das natürlich unsere Leistung und kann mittelfristig zum Gefühl von Hilflosigkeit und dann zu Apathie führen. Hilflosigkeit ist das Gefühl, sich selbst nicht helfen zu können oder keine entscheidende Hilfe zu bekommen. Die Theorie der erlernten Hilflosigkeit von Seligman erklärt, dass Lebensumstände dazu führen können, dass persönliche Entscheidungen als irrelevant wahrgenommen werden.

Der Gegenpol dazu ist die Erwartung von sogenannter Selbstwirksamkeit. Dies bezeichnet die Psychologie als die eigene Erwartung, gewünschte Konsequenzen durch eigene Handlungen bewirken zu können. Untersuchungen zeigen, dass Personen mit einem starken Glauben an die eigene Kompetenz größere Ausdauer bei der Bewältigung von Aufgaben haben und mehr Erfolge in der Ausbildung und im Berufsleben aufweisen. Die Erwartung von Selbstwirksamkeit und die Ergebnisse unserer Handlungen sind natürlich eng miteinander verbunden. Die Theorie der Selbstwirksamkeitserwartung wurde von Albert Bandura entwickelt. Er nennt wesentliche Quellen: die Erfahrung, schwierige Situationen zu meistern, die Beobachtung geeigneter Vorbilder, soziale Unterstützung und unsere eigenen physiologischen Reaktionen.

Erfolgreiche Führungskräfte unterstützen ihre Mitarbeiter dabei, solche Erfahrungen des Erfolgs zu machen und diese entsprechend positiv einzuordnen. Und sie sind Ausdauerläufer! Rückschläge und Niederlagen gehören ebenso zu ihrem Weg wie flexible Kurskorrekturen und der unbedingte Wille, am Ende als Gewinner dazustehen.

Die Kontinuität des Gewinnens zeigt uns, wie wichtig es ist, positiv mit unserem Erfolgspotenzial umzugehen. Als Team zu gewinnen macht stolz und schafft Hingabe für die Sache. Diese Hingabe zu verankern bedeutet, sie aufrechtzuerhalten. Rituale dienen der emotionalen Vergewisserung und schaffen den positiven Anreiz, zukünftige Ziele mit ebenso anhaltendem Engagement anzugehen.

Bei aller Veränderung braucht das Management Fixpunkte. Rituale sind Fixpunkte. Diese Fixpunkte sind Anker der Veränderung. Bleiben Sie Ihrem Traum treu, auch bei Rückschlägen. Gerade wenn es schwierig wird, sind bewusst ausgeführte Rituale besonders wichtig. Trotzen Sie der operativen Hektik.

GET I BEDEUTET

- Verankerung von Ritualen
- Anerkennung von Erfolgen
- Verbreitung von Stolz und Identität

GET II – schneller von A nach B

 Wie lässt sich der Bereich des erfolgreichen Handelns erweitern?
Welche Einstellungen und Verhaltensweisen sind dafür wichtig?
Welche zusätzlichen Fähigkeiten und Kompetenzen benötigen Sie dazu?

Gewinnen werde ich dann, wenn die Mitarbeiter mitmachen. Das Erreichen der Ziele ist abhängig von der Überzeugung der Mitarbeiter. Voraussetzung ist eine „kritische Masse", die von den Ideen des Projekts und der Veränderung überzeugt ist.

Der Begriff der „kritischen Masse" bezeichnet den Zeitpunkt, an dem eine vorher lineare Entwicklung durch Rückkopplung stark beschleunigt wird. Wenn Sie Wasser zum Kochen aufsetzen, wird es lange unverändert aussehen – und zwar bis kurz vor dem Moment, an dem es tatsächlich kocht. Erst in den letzten Sekunden davor bilden sich Blasen und Wasserdampf. Die kritischen Parameter haben sich bereits früher verändert, diese Änderungen waren aber nicht erkennbar.

In seinem Buch *The Tipping Point* wendet Malcolm Gladwell diese grundsätzliche Idee auf soziale Systeme an. Er identifiziert drei Faktoren, die mit einer plötzlichen exponentiellen Entwicklung einhergehen:
- Das „Gesetz der Wenigen" (Law of the Few) – beschreibt die Tatsache, dass in einer Gruppe manche Mitglieder mehr Einfluss haben als die übrigen. Diese gilt es zu identifizieren, bei Veränderungen zu überzeugen und als „Veränderungsagenten" einzuspannen.

- „Einprägsamkeit" (Stickiness – wörtlich: Klebrigkeit) – meint die Bedeutung der Präsentation einer Botschaft. Wenn einzelne Elemente besonders einprägsam sind, wird die Botschaft besser wahrgenommen, behalten und befolgt. Mit einem einprägsamen Namen oder einem Logo können Sie die Mitarbeiter deutlich besser zum Handeln bewegen.
- „Die Kraft des Umfelds" (Law of Context) – nutzt die Tatsache, dass Menschen in ihrem Handeln sehr stark von den Bedingungen ihres Umfelds beeinflusst werden. Spürbare erste Erfolge überzeugen sehr viel stärker von der Umsetzbarkeit eines Projekts als bloßes Einreden auf die Mitarbeiter und die Ankündigung späterer großer Erfolge nach langem Ausharren.

„Wie geht es Ihnen?" Eigentlich eine Floskel, die zur Begrüßung eingesetzt wird, niemand erwartet wirklich eine Antwort. In einem wichtigen Projekt ist diese Frage aber sehr wohl von Bedeutung: Wenn wir überzeugt sind, wenn Einigkeit herrscht über die Bedeutung, wenn wir unser Handeln mit anderen im Team koordinieren – nur dann kann das Projekt von Erfolg gekrönt sein. Unsere Gefühle sind entscheidend für das, was wir tun und wie wir es tun. Emotionen haben den größten Anteil an unseren Entscheidungen.

Das Bewusstsein, sachliches Verständnis oder die bewusste Steuerung von Entscheidungen sind weniger wichtig, als wir gemeinhin glauben möchten. Dagegen sind im Gehirn unsere Emotionen natürlich vorrangig lokalisiert. Emotionen gehen mit Bedürfnissen und Wünschen einher und damit sind sie eng mit den Motiven für unser Handeln verbunden. Emotionen haben eine unser Handeln bestimmende Rolle.

Die Wissenschaft erklärt uns Entscheidungsprozesse mittlerweile so: Alle menschlichen Entscheidungen sind letztendlich vom Gefühl bestimmt. Der Verstand, dessen

Arbeit uns bewusst ist und der deshalb in seiner Bedeutung gerne überschätzt wird, ist nur Berater, der gewissermaßen Vorschläge erarbeitet. Das Entscheidungszentrum aber liegt im limbischen System. In bekannten Alltagssituationen entscheiden wir sogar vorwiegend aufgrund unserer Erfahrungen und ohne den Effekt, dass wir diese Steuerung überhaupt bewusst zur Kenntnis nehmen. Für komplexe Prozesse gibt es eine Art „Autopiloten", der uns ganze Handlungsstränge ohne bewusstes Nachdenken erledigen lässt. Ohne diese Automatik würde uns schon die Komplexität des Autofahrens oder der morgendlichen Hygiene überfordern. (vgl. dazu Gigerenzer: *Bauchentscheidungen*)

Emotionen üben einen wichtigen Einfluss auf unsere soziale Wahrnehmung und unser soziales Verhalten aus. Emotionen haben eine Funktion als soziale Signale, sie lassen unsere Partner in der Interaktion Handlungstendenzen erkennen. Emotionen werden deshalb auch häufiger mit Absicht aus taktischen Gründen eingesetzt. In einer aufschlussreichen Feldstudie konnte beispielsweise festgestellt werden, dass Sportler ihr triumphierendes Grinsen erst dann aufsetzten, wenn sie sich zu den anderen umdrehten. Wenn Menschen Erregung verspüren, interpretieren sie ihr Gefühl häufig anhand der Reaktionen anderer Menschen.

Und doch wird im geschäftlichen Kontext selten eine klare Verbindung hergestellt. Ihr Projekt wird dann wirklich erfolgreich verankert sein, wenn es Ihnen gelingt, Ihre Ziele mit dem zu verbinden, was die Menschen im Unternehmen fühlen, was sie tun und welche Ergebnisse sie erzielen. Es geht um die Verbindung zwischen den strategischen Plänen auf der einen Seite und den Werthaltungen, Glaubenssätzen und den Gefühlen der beteiligten Personen auf der anderen Seite. Nur wenn Sie und Ihr Team mit ganzem Herzen bei der Sache sind, können Sie auch wirklich erfolgreich sein.

Rosabeth Moss Kanter, die amerikanische Managementikone, sagt dazu: „Wir müssen den Menschen die Sicherheit geben, dass sich ihre Anstrengungen lohnen."

Um konsequent handeln zu können, will ich also über die emotionale Ebene der Beteiligten informiert sein. Konsequente Messung der Einstellungen und Werthaltungen verschafft mir eine Reihe wichtiger Einsichten:

1. Klarer Blick auf erzielte Resultate und weitere Wachstumsmöglichkeiten:
   Obwohl erfolgreiche Unternehmen Chancen grundsätzlich offen gegenüberstehen, wissen sie doch, wie sie Vor- und Nachteile gewinnbringend gegeneinander abwägen. Die Fähigkeit, im Sinne einer gezielten Vorwärtsbewegung Nein zu sagen, setzt präzise Kenntnis des jeweiligen Status quo voraus. Eine unternehmerische Grundhaltung bedingt Entscheidungen, die gegebene Ressourcen effizient berücksichtigen.
2. Unternehmerische Grundhaltung:
   Erfolgreiche Unternehmen sind darauf bedacht, Wachstumschancen zu nutzen. Diese Chancen werden gezielt genutzt. Wachstum wird genährt durch eine Kultur, in der positive Resultate schnellen Umlauf in anderen an dem Projekt beteiligten Unternehmensbereichen finden.
3. Die „weiche" Seite der „harten Fakten":
   „Soft Factors" sind schwierig zu quantifizieren; dennoch sind sie von gleicher Bedeutung wie die letzten Quartalszahlen. Es sind die Sozialkompetenzen, die bei der Umsetzung den entscheidenden Unterschied machen. Erfolgreiche Unternehmen bewerten Fach- und Sozialkompetenzen gleichwertig.

Schon die von Kaplan & Norton entwickelte Balanced Scorecard vereint die wichtigsten Handlungsfelder der Strategieumsetzung. Dies sind Kunden, Shareholder, interne Prozesse sowie Innovation und Lernen. Die Balanced Scorecard berücksichtigt auch nicht-finanzielle

Größen bei der Messung von Erfolgen, sie unterstützt die Klärung und Konkretisierung der Strategie. Damit ist es leichter, die operative Planung an der Strategie auszurichten sowie das Verhalten zu steuern. Von einem Unternehmen fordert die Balanced Scorecard, dass Visionen und Strategie konkretisiert werden und dass eine klare Übersetzung in Aktionsformulierungen geschieht.

Bei allen Vorteilen hat die Balanced Scorecard jedoch zwei gravierende Nachteile: Das Modell ist sehr kompliziert und viele Inhalte sind nur schlecht auf das unmittelbare Handeln vor Ort übertragbar.

So bleibt es nach wie vor eine Herausforderung für eine Führungskraft in der Versicherungsbranche, aus einer Combined Ratio von 15 Prozent beispielsweise in der Sparte Haftpflicht konkrete Folgerungen für das Handeln des einzelnen Versicherungsagenten im Kundenkontakt abzuleiten.

Die Balanced Scorecard weist klar auf die Bedeutung der „weichen" Faktoren und der Kommunikation hin. Für sich genommen gibt sie jedoch keine Hinweise darauf, wie und an welchen Stellen diese Kommunikation stattfinden soll.

Erfolgreiche Unternehmen setzen ihre Ziele auf beiden Seiten: Sie berücksichtigen sowohl „harte" als auch „weiche" Faktoren. Viele strategische Projekte konzentrieren sich ausschließlich auf die sachbezogene Seite ihrer Performance und vernachlässigen dabei wichtige emotionale und soziale Komponenten. Wer jedoch nachhaltigen Erfolg anstrebt, kommt nicht ohne einen entsprechenden Einstellungs- und Verhaltenskodex aus.

Je qualifizierter und sensibler Sie in Phasen der Veränderung kommunizieren, desto erfolgreicher wird die Aktion in den „weichen" Handlungsfeldern des Prozesses sein. Für die erfolgreiche Umsetzung einer Strategie ist es entscheidend, dass die Akzeptanz nicht nur auf der

Sachebene, sondern vor allem auf der emotionalen Ebene erreicht wird.

Das „A to B Profile" ist ein geeignetes und universell einsetzbares Instrument zur Messung der emotionalen Ebene. Das „A to B Profile" macht die individuellen Wahrnehmungen einer Situation und des Zukunftsbildes sichtbar. Sie erkennen aus den Ergebnissen wesentliche Übereinstimmungen und Abweichungen. Eine genaue Kenntnis des Status quo befähigt Führungskräfte, Chancen und Risiken zu erkennen und entsprechende Veränderungen in die Wege zu leiten. Nur das bewusste Hinschauen und auch die Bereitschaft, die tatsächliche Situation mit allen möglichen Schwierigkeiten wahrzunehmen, schafft die Voraussetzung für das Neue. Eine gezielte Analyse der Gegenwart sichert ein gemeinsames Grundverständnis und schafft Einigkeit über die wichtigsten Veränderungsschritte.

Verschaffen Sie sich zuerst einen Überblick über die emotionale Ebene und damit über die Befindlichkeiten und Meinungen der Menschen. Tun Sie dies auch nicht nur einmal, sondern messen Sie kontinuierlich, in passenden Abständen. Gerade ein sich dynamisch entwickelndes Umfeld mit all seinen exponentiellen Veränderungen wird immer wieder für Überraschungen gut sein.

Das „A to B Profile" zur Messung und Steuerung der emotionalen Ebene visualisiert den Status und dokumentiert Entwicklungen. Damit machen Sie die weichen Faktoren sichtbar und können diese evaluieren.

Die Aufgabe der Führung in der SEE-Phase ist die transparente, klare und nachvollziehbare Information über das gemeinsame Grundverständnis, die strategischen Initiativen und deren Alternativen zur Erreichung der Ziele. Das „A to B Profile" ermöglicht einen realistischen Blick auf die Ressourcen, das Energieniveau und die Veränderungsfähigkeit der Organisation. Daher empfiehlt sich die qualitative Messung sowohl zu Beginn des Veränderungsvorhabens als auch kontinuierlich zur Kontrolle und Steuerung der Veränderungsfortschritte.

Die Kernaufgaben der Führung im Veränderungsprozess beschreiben die drei Phasen „Bewerten – Gestalten – Begleiten". Mit dem Profil nehme ich die Bewertung vor. Methodisch lässt sich eine solche Befragung leicht online abwickeln. Dabei können alle wichtigen Stakeholder schnell zu den jeweils relevanten Themenfeldern befragt werden. Die Ergebnisse lassen sich einfach visualisieren und sie geben klare Hinweise zur professionellen Steuerung und Orchestrierung des Veränderungsvorhabens.

Die Auswertung in der folgenden Abbildung zeigt auf einen Blick, dass die SEE-Ebene ein hohes Maß an Zustimmung von allen Beteiligten erfährt. Bei den Aktivitäten auf der DO-Ebene ist hingegen die gemeinsame Sicht der Dinge noch nicht erreicht. Beim GET ist das Bild ambivalent: Optimismus herrscht vor, es gibt aber Mängel im Verständnis der angepeilten Resultate.

Mit einem solchen Ergebnis würde der Hebel sinnvoll und effizient bei der gemeinsamen Erarbeitung der Aktivitäten auf der DO-Ebene angesetzt.

Tops & Flops

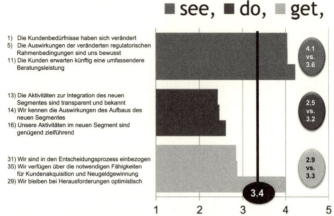

1) Die Kundenbedürfnisse haben sich verändert
5) Die Auswirkungen der veränderten regulatorischen Rahmenbedingungen sind uns bewusst
11) Die Kunden erwarten künftig eine umfassendere Beratungsleistung

13) Die Aktivitäten zur Integration des neuen Segmentes sind transparent und bekannt
14) Wir kennen die Auswirkungen des Aufbaus des neuen Segmentes
16) Unsere Aktivitäten im neuen Segment sind genügend zielführend

31) Wir sind in den Entscheidungsprozess einbezogen
35) Wir verfügen über die notwendigen Fähigkeiten für Kundenakquisition und Neugeldgewinnung
29) Wir bleiben bei Herausforderungen optimistisch

1 überhaupt nicht / 2 in geringem Maße / 3 in gewissem Maße / 4 in hohem Maße / 5 in sehr hohem Maße

GET II BEDEUTET

- Klarer Blick auf die erzielten Resultate und weitere Chancen für Wachstum
- Sicht- und messbare „Soft Factors"
- Auf Wachstum und Gewinn ausgerichtete Einstellungen

GET III – dranbleiben und niemals aufgeben

Wie beurteilen Sie das Immunsystem Ihres Projekts?

Wie gehen Sie mit Verzögerungen, Stolpersteinen und Unvorhergesehenem um?

Wie erhalten Sie eine Grundhaltung des Gewinnens?

In der imperfekten Welt, in der wir leben, gibt es immer wieder Situationen, die auf dem Weg des Gewinnens als Hindernis auftreten. Auf dem Weg der Veränderung sind Rückschläge zu verkraften. Erfolgreich werden wir nur, wenn wir Niederlagen als Durchgangsstationen auf dem Weg des Gewinnens sehen. Mentale Stabilität, Erfahrung und der konsequente Blick auf die strategischen Projekte erlauben es, das Auf und Ab der Veränderung zu meistern. Gerade diesen Herausforderungen müssen wir mit besonderer Energie begegnen.

Fehler sind unvermeidlich. Trotzdem darf ich das Ziel nicht aus den Augen verlieren. Der Unterschied zwischen Gewinnen und Verlieren beginnt damit, wie wir auf Fehler reagieren.

Wir werden mehr Misserfolge als Erfolge erleben. Im Strudel sich ständig wandelnder Herausforderungen braucht es mentale Härte. Sie befähigt uns, Niederlagen als Durchgangsstationen auf dem Weg des Gewinnens zu verstehen. Hohe Lernbereitschaft fördert schnelle Anpassung. Gerade im Umgang mit Niederlagen ist eine hohe Lernbereitschaft einer der Schlüsselfaktoren. Fördern Sie einen gewinnenden Umgang mit Niederlagen.

STELLEN SIE SICH BITTE EINMAL DIESE PERSON VOR:

Mit 19 Jahren wurde er von der Schule geworfen,
mit 25 Jahren verlor er seine erste Parlamentswahl,
mit 27 Jahren war er rhetorisch nach allgemeiner Ansicht zu ungeschickt, um Debatten zu gewinnen,
mit 32 Jahren wurde er von prominenten Mitgliedern seiner Partei als zu „radikal" gebrandmarkt,
mit 34 Jahren verlor er wieder eine Parlamentswahl und wurde von Mitgliedern seiner Partei als „Verräter" gekennzeichnet,
mit 41 Jahren trat er von seinem Ministeramt zurück,

> mit 48 Jahren verlor er wieder eine Wahl, seine Vorschläge zur Außenpolitik wurden zurückgewiesen,
> mit 49 und mit 50 Jahren verlor er wiederum Wahlen,
> mit 56 Jahren wurde er wegen seiner politischen Ansichten zum Rücktritt gezwungen,
> mit 57 Jahren versagten ihm die beiden maßgeblichen Parteien den Zugang zur Macht.
> Erst danach begann seine eigentliche politische Karriere!
>
> Wer war dieser Mann?[1]

Kein Sportler gewinnt jeden Wettkampf. Mentale Stabilität, Erfahrung und der konsequente Blick auf die strategischen Projekte erlauben es, das Auf und Ab der Veränderung zu meistern. Die Führung spielt eine Schlüsselrolle darin, das Erreichte zu kommunizieren. Die einzelnen Schritte der Veränderung werden damit sichtbar gemacht.

Wenn ich anerkenne, dass meine Welt nicht perfekt ist, sind gute und schlechte Ergebnisse zu erwarten. Erfolge sind Grund zum Feiern, nicht zur Selbstzufriedenheit. Auch jeder Erfolg ist nur vorübergehend. Niederlagen sind ebenso Durchgangsstationen auf dem Weg zum Gewinnen. Es gibt in einer dynamischen, sich schnell wandelnden Umwelt keine stabilen Endsituationen – es gibt immer nur viele kleine Schritte, die bei Gewinnern immer weiter in Richtung Erfolg führen.

Wenn ich meine Stärken erkenne und meine Erfolge feiere, dann entwickeln sich daraus Stolz und Identität. Wenn ich meine Schwächen wahrnehme und mich verbessere, dann kann ich die Kontinuität des Gewinnens sicherstellen.

---

[1] Wer war dieser Mann mit der lange stockenden Karriere? Winston Churchill

Die Strategie steht – verändert werden darf die Taktik! Erfolgreiche Unternehmen sind auf ein gleichbleibend hohes Leistungsniveau und auf exzellente Resultate ausgerichtet. Einstellungen und Verhalten werden diesem Ziel selbstverständlich untergeordnet. Dazu gesellen sich ein inhärentes Selbstvertrauen, Motivation und permanente Lernbereitschaft.

Die Tabuisierung von Problemen ist kontraproduktiv. Strafe führt natürlich dazu, dass Misserfolge versteckt werden. Konstruktives Verhalten führt zur Wahrnehmung von Misserfolgen und nutzt diese Misserfolge als Chance zum Lernen. Eine kurze Analyse der Bedingungen des Scheiterns kann verhindern, dass sich der Misserfolg wiederholt. Nur wenn ich um die Ursachen weiß, kann ich das Verhalten in zukünftigen Situationen verändern. Schlechte Erfahrungen oder Misserfolge sind ein Grund zum Innehalten, zur Prüfung des Veränderungsbedarfs und zur entsprechenden Anpassung. Durch diesen Lernschritt bleibe ich in der Erfolgsspirale.

„Dranbleiben und niemals aufgaben" beschreibt die Bedingungen des Gewinnens: Mentale Härte bedeutet die Ausrichtung auf den Erfolg, die schnelle Umsetzung von Lernerfahrungen und Innovationen, die unbedingte Bereitschaft, aus Rückschlägen zu lernen. Nur so sichern wir ein hohes Leistungsniveau. Wenn es uns gelingt, uns auf das Gewinnen auszurichten, lassen wir uns von widrigen Umständen nicht aus der Bahn werfen. Die Veränderung äußerer Umstände nehmen wir als positive Herausforderungen an.

Unverhofft veränderte Umstände bedeuten exzellente Lernbedingungen. Wem es gelingt, sich schnell anzupassen und mit Niederlagen gewinnend umzugehen, der wird erfolgreich bleiben. Die Fähigkeit, Stolpersteine zu erkennen, sie zu akzeptieren und zu überwinden, lässt Unternehmen in ihrer Performance anpassungsfähiger werden und damit effizienter agieren. Erfolgreiche Unternehmen lernen aus Niederlagen und erzielen so entscheidende Wettbewerbsvorteile.

Die Strategie steht über allem und muss konsequent umgesetzt werden. Meisterschaft in der Unternehmensführung bedingt – ähnlich wie in der Kunst – die Bereitschaft, permanent nach Perfektion zu streben. Da Vinci sah in seiner Könnerschaft weniger ein Geheimnis als die Hingabe an permanentes Üben. Ebenso konsequent im Lernen wie in der Umsetzung sind auch die von uns bewunderten Champions der Sportwelt, die uns zeigen, dass eine Niederlage immer noch in einen späteren Sieg münden kann.

Misserfolgen begegnen wir durch Lernen und schnelle Anpassung. Wenn wir ehrlich sind, gibt es nirgendwo auf der Welt ein Geschäft oder Unternehmen, das ohne Probleme auskommt. Da ist zum einen die Komplexität des Geschäfts an sich und dann sind da noch die Menschen – wir alle sind irgendwie und irgendwo unzulänglich. Zum anderen sind Niederlagen natürlich schwer zu ertragen. Ihnen mit Zynismus und Entmutigung zu begegnen hilft jedoch niemandem. Am allerwenigsten nützt es einem stockenden Projekt. Weiter hilft nur, wenn wir uns klarmachen, dass alle Aufgaben dennoch zu bewältigen sind.

Haben wir unsere Aufgaben richtig umgesetzt (**DO**), erzielen wir (**GET**) die gewünschten Resultate! Wenn wir auf Dauer erfolgreich sein wollen, machen wir Gewinnen zu einer Langzeiterfahrung. Jede erfolgreich gemeisterte Situation birgt das Potenzial zukünftigen Wachstums. Erfolgreiche Führungskräfte sind Ausdauerläufer! Rückschläge und Niederlagen gehören ebenso zu ihrem Weg wie flexible Kurskorrekturen und der unbedingte Wille, am Ende als Gewinner dazustehen! Ihr Credo ist: „Win it or fix it."

Klare Ausrichtung, Entschlossenheit, Hingabe, Selbstvertrauen und die Unmöglichkeit, aufzugeben, unterscheiden Menschen, die Großes in ihrem Leben vollbringen, von denen, deren Träume mit ihnen sterben. Über ein hohes Maß an Ausdauer zu verfügen bedeutet auch, Anregungen anderer in eigene Überlegungen einzubeziehen. Am Ende sollten wir uns jedoch nicht übersteuern lassen. Kontrollieren und visualisieren Sie Ihre Fortschritte und Ziele – immer wieder.

Beim Gewinnen geht es um viel mehr als um einen einmaligen Erfolg. Es geht um einen lebenslangen harmonischen Wachstumsprozess. Andauernder Erfolg wächst aus unserem Inneren. Er entspringt unserem Denken, unserer Weltanschauung und unserer ganzen Persönlichkeit.

Dieser Kreislauf hilft uns dabei:
- Glauben schafft Einstellung
- Beachtung bringt Verstärkung
- Zielsetzung steigert Energie
- Konzentration & Ausdauer führen zum Erfolg
- Wiederholung wird zum Glauben

Die Welt an sich ist nicht perfekt und ebenso wenig sind wir es. Dennoch verlangen wir immer und überall nach Perfektion. Der flexible Mensch hingegen passt sich den Bedingungen der imperfekten Welt an und versucht nicht, diese an sich anzugleichen.

In der Umsetzung von Strategien gibt es zwei grundverschiedene Haltungen: Ich akzeptiere die imperfekte Welt und lerne den Umgang damit. Stolpersteine werden akzeptiert. Diese stellen die Strategie also nicht infrage. Entscheidend bleibt die Zielorientierung auf dem Weg des Gewinnens.

Erwarte ich hingegen einen perfekten Plan, bedeuten Schwierigkeiten automatisch ein „Zurück zum Start"! Die Planung wird angezweifelt und soll rückwirkend perfektioniert werden. Auf diese Weise ergeben sich enorme Verluste an Ressourcen. Das Vertrauen in das Projekt sinkt, der Schwung geht verloren.

In Organisationen entstehen häufiger Probleme durch den Umgang mit Fehlern als durch die Fehler selbst. Diese organisatorischen Defizite sind
- eine zu starke Konzentration auf Fehler statt auf Erfolge
- das Verständnis von Fehlern nur als Information über den Systemzustand statt als Information auch über die Außenwelt
- Schuldzuschreibungen als bevorzugte Reaktion auf Fehler
- aktive Suche nach Fehlern und nach schlechten Nachrichten
- Tabuisierung des Scheiterns

Gefragt ist – falsche – Sicherheit statt der an sich positiven Unsicherheit, die der Wirklichkeit entspräche.

Erfolgreiche Unternehmen haben gelernt, unvorhergesehene Herausforderungen zu antizipieren und ihnen damit den Schrecken zu nehmen. Auf diesem Weg gelingt es ihnen, aus notwendigen Kurskorrekturen dennoch hervorragende Resultate abzuleiten.

Unternehmen wie Cisco oder Intel beziehen einen wesentlichen Teil ihrer Technologieentwicklung aus Corporate Venturing, also aus einem breit gestreuten Investieren in potenziell interessante Start-ups, die relevante Technologien entwickeln könnten. Experiment und Lernen treten an die Stelle von Planung; evolutionäre Selektion ist das bestimmende Prinzip. Scheitern wird evaluiert und verwertet.

Denn es ist keine Schande zu scheitern; man braucht tausend Ideen, um damit hundert Konzepte entwickeln zu können, von denen dann vielleicht zehn für ein Experiment ausgewählt werden, wovon wiederum eines wirklichen Erfolg bringt.

In Expertenorganisationen wie Krankenhäusern sind personalisierte Schuldzuschreibungen besonders häufig. Das führt zu einer Tendenz, Fehler zu verdecken oder als persönliches Fehlverhalten zu brandmarken. Im anglo-amerikanischen Raum setzt sich ein gegenläufiger Trend durch. In regelmäßigen „Mortality and Morbidity Conferences" werden Fehler konsequent als Fehler des Systems untersucht. Deutlich anders ist die Situation in Deutschland: In 80 % der deutschen Krankenhäuser sind Fehlerreflexionen dieser Art nicht üblich. (vgl. dazu Gössler, M.: *Die Kunst des Scheiterns; Organisationsentwicklung,* 01/2007)

Vielleicht haben Sie einmal Lust zu einer Analyse Ihrer eigenen Bereitschaft, aus Fehlern zu lernen:

MEINE PERSÖNLICHE ARCHÄOLOGIE DES SCHEITERNS

So funktioniert es: Nehmen Sie sich ein Blatt Papier. Vergegenwärtigen Sie sich eine eigene Erfahrung des Scheiterns und machen Sie sich zu jeder der folgenden Fragen Notizen.

Meine Erfahrung des Scheiterns
- Was ist genau passiert?
- Wer war beteiligt?
- Was habe ich empfunden?

Die andere Seite
- Was mir trotz des Scheiterns gelungen ist ...
- Auf was ich trotz des Scheiterns stolz sein kann ...

Fähigkeiten
- Welche Fähigkeiten musste ich/konnte ich durch diese Erfahrung entwickeln?

Die schwachen Signale
- Welche inneren oder äußeren Signale kündigten das Scheitern an?
- Was habe ich getan, um diese Signale zu überhören?

> **Das unerreichte Ziel**
> - Was wollte ich ursprünglich erreichen?
> - Was will ich jetzt erreichen?

Mentale Härte ist entscheidend, wenn es darum geht, Mitarbeiter in ihrem Tagesgeschäft von notwendigen Kurskorrekturen zu überzeugen und dabei gegebenenfalls unliebsame Entscheidungen zu treffen. Mentale Härte befähigt uns darüber hinaus, Niederlagen als Durchgangsstationen auf dem Weg des Gewinnens zu betrachten.

Mentale Härte bedeutet nicht nur, Mitarbeitern gegenüber stark zu bleiben und unliebsame Entscheidungen zu vertreten, es bedeutet generell, das, was wir zu sagen haben, nicht der Zuhörerschaft anzupassen. Mental stark sind wir, wenn wir der Meinung der Mehrheit nicht folgen, wenn diese sich nicht mit der eigenen deckt. Wir müssen bereit sein, dominanten Führungspersönlichkeiten, subtilem Druck und Stress standzuhalten, einen Scheinkonsens nicht mitzutragen und auch unter Druck unpopuläre Entscheidungen zu treffen und dazu zu stehen. Erfolgreiche Führungskräfte zeichnen sich durch die Bereitschaft zur Authentizität und zur Originalität aus.

Die Entwicklung dieser Geisteshaltung ist schwer und sie ist auch schwer durchzuhalten.

> **DAS ASCH-EXPERIMENT:**
>
> In einer Reihe von Versuchen, die er bereits in den Fünfzigerjahren begonnen hatte, studierte Solomon Asch die Art, wie Individuen reagieren, wenn sie mit einer Gruppe konfrontiert werden, die einvernehmlich und offensichtlich falsch agiert.

> Er beschloss, dem Experiment ein Urteil über Fakten zugrunde zu legen: Die Situation wurde so arrangiert, dass das Urteil offen abgegeben wurde. Asch beschrieb die Bedeutung des Problems wie folgt: „Wenn man den großen Einfluss von Gruppen in Betracht zieht, können wir dann einfach folgern, dass sie imstande sind, Personen zu einer beliebigen Änderung ihrer Meinung zu veranlassen? Können sie uns veranlassen, dass wir für falsch erklären, was wir gestern noch für richtig hielten?
>
> Die Antwort darauf scheint Ja zu lauten."
>
> Aschs Experiment wurde nach folgendem Grunddesign durchgeführt: Eine Gruppe von sieben bis neun Studenten versammelte sich in einem Raum, um an einem Wahrnehmungsexperiment teilzunehmen. Ihre Aufgabe war es, die Länge von Strichen zu bestimmen. Es handelte sich um eine Musterlinie, die mit drei anderen Linien zu vergleichen war. Immer war eine Linie gleich lang, zwei andere waren eindeutig kürzer oder länger. Jede Gruppe enthielt nur eine tatsächliche Versuchsperson, die anderen Teilnehmer waren vom Leiter des Experiments instruiert worden. Alle anderen Versuchsteilnehmer antworteten vor der tatsächlichen Versuchsperson.
>
> Die Resultate zeigten, dass die Mehrheit – selbst wenn sie eindeutig fehlerhafte Antworten gibt – einen starken Druck auf die einzelne Person ausübt. In einer Kontrollgruppe kamen Fehler in der Einschätzung der Länge nicht vor. In den Versuchsgruppen machten 76 % der Versuchspersonen Fehler, was es ihnen erlaubte, mit der Gruppenmeinung im Einklang zu bleiben. Es ist interessant zu wissen, dass die meisten Personen sich dieses Einflusses der Gruppenmeinung auf ihre eigenen Urteile durchaus bewusst waren.

Wenn wir die wichtigsten Komponenten organisatorischer Veränderungskonzepte betrachten, dann lernen wir, dass es auf den Ausgleich ankommt. Da sich die Welt um uns herum beständig wandelt, (das „Nec timet fluctus!" der Römer oder auch das „Panta rhei" der Griechen) ist Erhalten nur durch Verändern möglich. Wenn wir uns der Leitidee des beständigen Wandels beugen, dann vermögen wir unsere Kernidentität zu bewahren. Verändern heißt Bewahren des Wichtigen und Richtigen.

Herausforderungen bewältigen wir nicht auf dem Papier. Erst der konkrete Umgang mit ihnen befähigt uns, neue adäquate Verhaltensweisen einzubringen. Samuel Beckett hat das so ausgedrückt: „Gescheitert. Kein Problem, versuch es noch einmal. Scheitere besser."

GET III BEDEUTET

- Mentale Härte durch Erfahrung, Ausdauer und Neugierde
- Schnelle Anpassung und gewinnender Umgang mit Niederlagen
- Konsequente Strategieumsetzung

Fazit: Win it or fix it

Gewinnen ist nicht alles – Gewinnen ist das Einzige.

Gewinnen bedeutet, kleine und schnelle Erfolge zu erkennen und als Rituale zu verankern. Doch unsere wahre Qualität als Gewinner wird darin sichtbar, wie wir mit Rückschlägen und Niederlagen umgehen. Gerade in einer imperfekten Welt voller Veränderungen und möglicher Rückschläge ist Erfolg stärker von unserem Umgang mit Misserfolgen geprägt, und von unserer Fähigkeit, aus Niederlagen zu lernen. Gewinner nehmen den Misserfolg an, setzen sich damit auseinander und beginnen neu. Für Gewinner ist jeder Misserfolg eine „willkommene" Prüfung. Ihr Ehrgeiz richtet sich darauf, besser zu werden. Er ist stärker als jegliche Resignation. Resignation ist der Todfeind des Gewinnens. Gewinner sind Champions im Reframing, in der positiven Umdeutung des Misserfolgs als Chance zum Lernen. Dieses Denk- und Handlungsmuster macht uns dauerhaft erfolgreich.

Das Management steht in der Verantwortung, Erfolge zu erkennen, zu kommunizieren und zu verankern. So entwickeln sich Eigenverantwortung und Unternehmergeist bei den Mitarbeitern. Weiß der Einzelne, was auf ihn zukommt bzw. von ihm erwartet wird, kann jeder Einzelne entscheiden: „Ja! Das ist eine Aufgabe für mich. Hier engagiere ich mich hundertprozentig" oder „Stopp! Damit bin ich überfordert."

Auf der GET-Ebene schaffen wir Selbstvertrauen und Vertrauen. Dieses Vertrauen ist der Turbo für jedwede Veränderung.

Win it or fix it: die Kontinuität des Gewinnens

Erfolge anerkennen und die Identität auf das Gewinnen zu programmieren sind genauso unerlässliche Elemente wie Ausdauer und die Neugier auf Neues. Erfolgreiche

Unternehmen handeln nach dem Motto „Wahren und Mehren" und fördern ein auf Wachstum und Gewinn ausgerichtetes Mindsetting.

Celebrate Performance: Ritualisierung des Erfolgs

Mithilfe von Ritualen machen Sie Erfolge deutlich. Die Beteiligten erleben eine Kultur anspornenden Feedbacks und empfinden sich als Teil des Erfolgs.

AKTIONEN:

- Abstimmung: Erfolge in Selbstwahrnehmung – externer Anerkennung
- Abstimmung: Image des Projekts +/–
- Zusammenfassung: bisherige Erfolge
- Klärung: erfolgsbestimmende Einstellungen/ Haltungen
- Abgleich: erfolgsbegleitende Rituale
- Perspektive: Was sind zukünftig „Erfolge"?
- Plan: Symbole und Rituale zur Verankerung der Erfolge
- Ziel: angestrebtes Image
- Aktionsplan

Go for Growth: Beschleunigung

Sie kommunizieren das Erreichte: Wo stehen wir? Was sind unsere Resultate? Immer wieder definieren wir unsere Ergebnisse, nutzen sie als Basis für weitere Schritte auf dem Weg zum Gewinnen.

AKTIONEN:

- Abstimmung: Wachstumspotenziale im/durch das Projekt
- Klärung: Werthaltigkeit der Möglichkeiten
- Sammeln: Ansätze zur Optimierung und Erweiterung
- Vorteile >< Nachteile
- Entscheidungen über Umsetzung
- Unterstützende Verhaltensweisen
- Aktionsplan

Never give up: Gewinnen in der imperfekten Welt

Im Strudel der sich ständig wandelnden Herausforderungen braucht es mentale Härte. Sie befähigt uns, Niederlagen als Durchgangsstationen auf dem Weg zum Gewinnen zu verstehen.

 AKTIONEN:

- Abstimmung: klar definierte Erwartungen
- Alignment von Denken + Handeln und organisatorischer Energie
- Bilanz: Energiespender >< Energiefresser
- Ausblick: Definition Hebelpunkte
- Anwendung: individuelle Beiträge + Teambeiträge
- Aktionsplan

10 SEE – DO – GET: FÜHRUNG ALS SCHLÜSSEL

Bewerten, Gestalten und Begleiten sind Kernaufgaben. Führungskräfte nehmen verschiedene Aufgaben im Veränderungsprozess wahr. Die Kernaufgaben der Führung im Veränderungsprozess lassen sich in die drei Phasen „Bewerten – Gestalten – Begleiten" aufteilen. Diese Phasen laufen wiederholt ab – angepasst an die aktuellen Veränderungen.

Das Bewerten ist eine ständige Tätigkeit, Sie gewinnen so Klarheit über die Ausgangslage und die Entwicklungen der Situation. Die Bewertung erhebt die Perspektiven aller Beteiligten im Veränderungsprozess. Das kann methodisch mit elektronischen Verfahren geschehen oder konventionell auf Papier. Informationen über die unterschiedlichen Einschätzungen und Meinungen geben Hinweise zur professionellen Gestaltung.

Die Gestaltung des Veränderungsprozesses gehört zu den schwierigsten Aufgaben. Dabei gilt es, die verschiedensten Dimensionen, zeitlichen Abhängigkeiten sowie unterschiedlichen Interessen der Beteiligten darzustellen und dadurch die Komplexität zu reduzieren. Visuelle Hilfsmittel können dazu dienen, die Landkarte der Veränderung, die Vernetzung der Aktivitäten und Abhängigkeiten sichtbar und kommunizierbar zu machen. Das Erarbeiten dieser Change-Landkarte zwingt zur Priorisierung der Projekte und Maßnahmen, die individuell aufeinander abgestimmt werden. Für diese Gestaltungsaufgabe kommen interne Change Agents oder externe Prozessbegleiter zum Einsatz, die von Steuerungskreisen oder Steering Committees geführt werden.

Das Begleiten des Veränderungsprozesses geschieht durch die Steuerung des Prozesses anhand der Change-Landkarte. Es gilt, einen intensiven Dialog mit den verschiedenen Interessengruppen und den Betroffenen der Veränderung zu führen – offen für Ideen und Anregungen. Dabei müssen oft unpopuläre Entscheidungen getroffen und kommuniziert werden. Es gehört zu den zentralen Aufgaben der Führungskraft, die erreichten Erfolge anzuerkennen und neue, erfolgreiche Verhaltensmuster in der Organisation zu verankern. Begleitung bedeutet auch die schnelle Anpassung an veränderte Situationen mit vorbereiteten Alternativen und den gewinnenden Umgang mit Rückschlägen und Niederlagen. Der Blick und Fokus auf das Wesentliche ermöglicht im Strudel des operativen Alltagsgeschäftes das strategische Ziel, das gewünschte gemeinsame Zukunftsbild zu erreichen.

Die erfolgreiche Steuerung eines Veränderungsprozesses ist eine originäre, nicht delegierbare Aufgabe der Führung. Die Aufgabe der Führung im Veränderungsprozess besteht darin, Orientierung zu geben. Dies beginnt mit dem Aufzeigen der Situation sowie dem Informieren über das Zukunftsbild und die strategischen Projekte. Die glaubwürdige Vermittlung des Neuen setzt eine starke persönliche Identifikation mit dem Ziel der Veränderung voraus. Letztlich gehört es zum Werkzeugkasten der Führung, Veränderungsprozesse zielführend zu steuern. Dies setzt ein hohes Maß an Intuition und Anpassungsbereitschaft voraus. Im heutigen dynamischen Umfeld gilt es, während der Implementierung tragfähige Entscheidungen durch die Einbindung aller Beteiligten herbeizuführen. Gefragt sind Führungskräfte, die ganzheitlich denken und gleichzeitig mit der Volatilität umgehen können.

Die professionelle Anwendung des „SEE – DO – GET"-Ansatzes ermöglicht Führungskräften ein fokussiertes Arbeiten in enger Abstimmung mit dem Team. Beginnend mit dem gemeinsamen Verständnis der Prioritäten über die Klärung der Erwartungen bis zu teamfördernden Aktivitäten gibt es viele Möglichkeiten, vollkommen neue Dimensionen der gemeinsamen Arbeit zu erreichen. Die klare Fokussierung der Aktivitäten auf den wirklich relevanten Bereich der entscheidenden 10 Prozent erlaubt die kontrollierte Freisetzung von individuellen und organisatorischen Energien. Führungskräfte können sich in diesem Rahmen als Unterstützer und Förderer profilieren.

SEE – DO – GET bietet alle Möglichkeiten, gemeinsam mit dem Team eine deutlich höhere „Flugbahn" zu erreichen.

Das „A to B Profile" im Einsatz

Die regelmäßige Messung des Status quo und der erzielten Resultate hilft mir, mich nachhaltig auf der Gewinnerseite zu positionieren. Weit über die bloßen Zahlen – Daten – Fakten hinaus geht es hier vor allem um die weichen Faktoren. Erfolgreiche Verhaltensweisen sollen identifiziert, hervorgehoben und belohnt werden. Sie werden in der Kultur der Organisation verankert.

Auch das Konzept der Belohnung reicht über die monetäre Seite hinaus und beschreibt gerade die emotionalen Aspekte der Anerkennung. Der Gewinn einer olympischen Goldmedaille ist zuallererst ein emotionaler Erfolg für den Sieger. Die monetäre Belohnung erfolgt, wenn überhaupt, erst später mittels Werbe- und Sponsorenverträgen.

Wie macht man ein „A to B Profile"? Die Messung erfolgt in periodischen Zeitabständen, beispielsweise alle sechs Monate. Das liefert eine kontinuierliche Erfolgskontrolle des Veränderungsvorhabens.

SEE

- Bestimmen der Befragungsdimensionen und wichtigsten Fragen und Thesen (ca. 36) sowie der Bezugsgruppen (Regionen, Hierarchien, Funktionsbereich)
- Durchführung der Befragung, (z. B. intranetbasiert, 10 min. pro Person)
- Aufbereiten und Visualisieren der Ergebnisse, Analyse der offenen Kommentare

DO

- Erarbeiten der erfolgsrelevanten Verhaltensmuster und Spiegelung der Ergebnisse
- Ergebnis präsentieren und Maßnahmen erarbeiten (z. B. in einer Großgruppenveranstaltung)
- Umsetzungsplan zur Verankerung des Neuen

GET

- Das regelmäßig durchgeführte „A to B Profile" sichert die Schnelligkeit und Nachhaltigkeit im Veränderungsprojekt
- Die Visualisierung der Ergebnisse erlaubt eine adressatengerechte Kommunikation
- Die Priorisierung der Aktivitäten wird rasch erkannt

Der Einsatz des „A to B Profile" ist immer dann sinnvoll, wenn es um die Klärung der Ausgangslage oder die Messung von Resultaten geht. In vielen Veränderungsvorhaben wird idealerweise zur Beginn ein Profil erstellt, mit dem sich das gemeinsame Verständnis prüfen lässt. Die Beteiligten erkennen daraus auch, dass ihre Meinung für die weitere Gestaltung des Projekts relevant ist. Auch das trägt zur Steigerung der Akzeptanz bei. Die Befragung und die sich anschließende gemeinsame Erarbeitung von Aktivitäten erhöht die Bereitschaft zur Veränderung. Wer weiß, wo er steht und wohin er will, kann seine Energien zielgerichtet einsetzen. Während der Maßnahme macht die periodische Standortbestimmung Sinn zur Reflexion der bereits erzielten Resultate und ermöglicht so die Flexibilisierung des weiteren Weges.

Das Design einer sich gegebenenfalls anschließenden Großgruppenveranstaltung mit entsprechender Ergebnispräsentation konzentriert sich auf die Interaktion der Beteiligten, um so die Maßnahmen gemeinsam zu erarbeiten und damit sowohl das Potenzial der Mitarbeiter zu nutzen als auch die für eine erfolgreiche Umsetzung erforderliche Akzeptanz zu schaffen.

11 CHANCEN IN DER IMPERFEKTEN WELT

Eine Eigenschaft des Gewinnens ist es, in jeder Situation etwas zu unternehmen und nicht zu unterlassen. Diese unternehmerische Grundhaltung ist geprägt durch die Neugierde, sich ständig zu verbessern und sich neue Fähigkeiten anzueignen. Mit dem Fokus auf der intelligenten Umsetzung von Projekten und strategischen Initiativen braucht es die erfolgreiche Führungskraft in der imperfekten Welt als Kontextmanager. Er kann Kontexte in der Dreidimensionalität SEE – DO – GET wahrnehmen. Hiermit schafft er den Rahmen, das Spielfeld für die erfolgreiche Umsetzung eigener Projekte.

Die Führung der Zukunft ist energetisch geprägt. Alternativen gibt es nicht. Energetisch bedeutet kraftvoll. Nur die spürbare Kraft und Begeisterung der Führungskräfte macht es möglich, bei allen die erforderliche Energie zur Umsetzung aufzubringen und mit Misserfolgen umzugehen. Gewinner sind durch einen unerschütterlichen Optimismus geprägt, der ihnen auch nach Misserfolgen die Kraft zum Neubeginn verleiht.

Der Blick geht nicht nur auf die Resultate, nicht nur auf die Sachebene. Er geht darüber hinaus auf die emotionale Ebene. Hier entscheidet sich, ob ein Unternehmen gewinnt oder verliert. Die Führungskraft ist für die Steuerung der emotionalen Ebene verantwortlich. Die Führungskraft als „Kulturmanager" erkennt diesen nicht kopierbaren Vorteil im Wettbewerb. Erfolgreiche Kultur basiert auf Vertrauen. Das gibt der Führungskraft die Schnelligkeit, Chancen zu nutzen und damit unternehmerisch zu handeln. Kultur gestalte ich durch Führung und bewusst gestaltete Rituale. Mitarbeiter lassen sich durch eine starke Kultur begeistern.

Kontext – Kraft – Kultur: Wer es schafft, diesen Dreiklang umzusetzen, wird in der Führung eine Souveränität entwickeln, in der er das Ganze im Auge hat und trotzdem den Blick fürs Detail, für den Kontext nicht verliert. Komplexität wird radikal reduziert, Handeln wird einfacher.

Diese Grundhaltung erlaubt die Konzentration auf das Ziel und gibt eine neue Leichtigkeit, eine andere Lust am Arbeiten.

Wer diesen Wechsel der Muster am schnellsten schafft, wird ungeahnte Chancen haben.

ANHANG

Über den Autor

Bernd Remmers, Gründer und Inhaber der Bernd Remmers Gruppe, ist Diplom-Kaufmann mit den Schwerpunktthemen Marketing und Organisation. Seine Beratertätigkeit führte ihn von Norddeutschland in die Schweiz, wo er 1983 sein eigenes Unternehmen gründete. Er ist Experte in der Konzeption und Durchführung komplexer Veränderungsprozesse und geschätzter Coach von Top-Führungskräften. Mit seinem auf Kultur und Change Management spezialisierten Unternehmen unterstützt er nationale und internationale Unternehmen dabei, ihre strategischen Ziele zu erreichen.

Das Motto der Bernd Remmers Gruppe ist „Linking People to Results". Wir unterstützen Unternehmen in Phasen der Veränderung. Mit unserer Expertise helfen wir, Positionen im Wettbewerb zu festigen und auszubauen. Im Zentrum stehen die Entwicklung von Strategien für Wachstum, die Konzeption und Umsetzung von Veränderungsprozessen sowie die Stärkung der Unternehmenskultur.

„Die Kunst ist es, Strategie und Kultur miteinander zu verzahnen."

Kontakt:

Tel.: +41 41 725 34 00
bernd.remmers@remmers.ch
www.remmers.ch

Literatur

Argyris, Ch. & Schön, D. A.: Die lernende Organisation. Stuttgart: 1999.
Asch, S.: Opinions and Social Pressure. Scientific American, 1955, Nov., S. 31–35.
Barrett, R.: Liberating the Corporate Soul. Oxford: 1998.
Bate, P.: Cultural Change. München: 1997.
Bear, M. & Nohria, N.: Breaking the Code of Change. Boston: 2000.
Beckett, S., zitiert in: Remmers, B. (Hrsg.): Winning WaysTM. Linking People to Results. Zug: 2006.
Booth-Sweeney, L. & Meadows, D.: The Systems Thinking Playbook. Vol. 3. Durham, N. H.: 2001.
Branson, R.: *How to succeed at failure. Entrepreneur Magazine*, 26.10.2010.
Bregnan, P., zitiert in: Remmers, B. (Hrsg.), Winning WaysTM. Linking People to Results. Zug: 2006.
Bruch, H.: Organisationale Energie. Vortrag auf dem 17. Bodensee Forum Personalmanagement. 10.–11. April 2008. Bregenz.
Bruch, H. & Ghoshal, S.: A Bias for Action. London: 2004.
Bruch, H. & Ghoshal, S.: Beware the Busy Manager. Harvard *Business Review*, 2002, S. 5–11.
Chapman, R.M.: In Search of Stupidity. Berkeley: 2006.
Collins, J.: How the mighty fall. New York: 2009.
Collins, J.: Good to great. New York: 2001.
Covey, S. R., zitiert in: Remmers, B. (Hrsg.): Winning WaysTM. *Linking People to Results. Zug: 2006.*
Csikszentmihalyi, M.: *Flow. Das Geheimnis des Glücks. Stuttgart 2007.*
Csikszentmihalyi, M.: *Das Flow-Erlebnis. Jenseits von Angst und Langeweile im Tun aufgehen.* Stuttgart: 2000.
Damasio, A. R.: *Descartes' Irrtum. Berlin: 2006.*
Danton, G.: *http://www.zitate-portal.com/ergebnisliste_popup.php?g_autorid=591&PHPSESSID=5d8e4bd4f61740e748fede3ed06ec4e1*
Dilk, A.: *Dan Ariely: Wir sind keine kalten Logiker wie Mr. Spock. Lufthansa Exclusive, 1/2011.*
Ditzinger, T.: *Illusionen des Sehens.* München: 2006.
Dobelli, R.: *Warum Ihr Tagebuch Sie zu einem besseren Prognostiker machen kann. FAZ,* 284/2010.
Dörner, D.: Die Logik des Misslingens. Hamburg: 1989.
Dörner, D. & Reither, F.: *Über das Problemlösen in sehr komplexen Realitätsbereichen. Zeitschrift für experimentelle und angewandte Psychologie,* 4/1978.
Doppler, K. & Lauterburg, C.: *Change Management.* Frankfurt: 1994.
Franck, G.: *Ökonomie der Aufmerksamkeit.* München: 1998.
Fromm, E.: *Die Kunst des Liebens.* Hamburg: 2005.

Gallacher, S., zitiert in: Remmers, B. (Hrsg.): Winning WaysTM. Linking People to Results. Zug: 2006.
Ghoshal, S. & Bartlett, C. A.: The Individualized Corporation. London: 1998.
Gigerenzer, G.: Bauchentscheidungen. München: 2007.
Gladwell, M.: *Was der Hund sah*. Frankfurt: 2010.
Gladwell, M.: *The Tipping Point*. London: 2004.
Harvard Business Review (ed.): On Change. Boston: 1998.
Gloger, A.: *Swatch-Erfinder Hayek hat die Schweiz verändert*. Die Welt, 29.06.2010.
Gössler, M.: *Die Kunst des Scheiterns*. OrganisationsEntwicklung, 01/2007.
Hoursch, S.: Die Desintegrierten. Kommunikationsmanager: III/2010.
Kanter, R. M.: *Challenge of Organizational Change: How Companies Experience it and Leaders Guide it*. New York: 2003.
Kaplan, R. S. & Norton, D. P.: *The Balanced Scorecard. Measures that drive Performance*. Harvard Business Review, Jan/Feb 1992.
Katzensteiner, T. & Noé, M.: *Mein Fußabdruck ist schon groß genug. Interview mit Siemens-Chef Peter Löscher*. Manager Magazin, 11/2010.
Kim, W. C. & Mauborgne, R.: *Blue Ocean Strategy*. Boston: 2005.
Kinter, A., Schulz, J. & Tönnesmann, F.: Herrschen oder Führen. Kommunikationsmanager, III/2010.
Königswieser, R. & Hillebrand, M.: Einführung in die Systemische Organisationsberatung. Heidelberg: 2007.
Köstler, A., zitiert nach: http://www.gutzitiert.de/zitat_autor_arthur_koestler_thema_wort_zitat_22523.html
Kotter, J. P.: Buy-In: Saving Your Good Idea from Getting Shot Down. New York: 2010.
Kotter, J. P.: Das Prinzip Dringlichkeit. Frankfurt: 2008.
Kotter, J.P.: Heart of Change. Boston: 2002.
Kotter, J. P.: Chaos, Wandel, Führung: Leading Change. Düsseldorf: 1997.
Kotter, J. P.: Leading Change: Why Transformation Efforts Fail. Harvard Business Review, III-IV/1995.
Kübler-Ross, E.: On Grief and Grieving. Finding the Meaning of Grief Through the Five Stages of Loss. London: 2005.
Lombardi, V., zitiert in: Remmers, B. (Hrsg.): Winning WaysTM. Linking People to Results. Zug: 2006.
Maldoom, R., zitiert in: Remmers, B. (Hrsg.): Winning WaysTM. Linking People to Results. Zug: 2006.
Malevich, K., zitiert in: Remmers, B. (Hrsg.): Winning WaysTM. Linking People to Results. Zug: 2006.
Markides, C., zitiert in: *Alles eine Frage der Kreativität. Ein Gespräch mit Castas Markides. McK Wissen*: 2004, S. 18-23.
Maurer, P., *Fusionen Scheitern. Wirtschafts- und Weiterbildung*, 05/2007.

Meadows, D. & Randers, J.: Exponentielles Wachstum als treibende Kraft von Überschreitungen ökologischer Grenzen. Natur & Kultur: 7/2001.
Meck, G.: *Der Tunnelbohrer*. *FAS*, 26.9.2010.
Miller, P.: *Die Intelligenz des Schwarms*. Frankfurt: 2010.
Millman, D.: *Die goldenen Regeln des friedvollen Kriegers*. München: 2009.
Monneyron, F.: *60 Jahre H&M. Focus online*, 15.09.2007.
Moser, A.: Veränderungsprozesse – mit Methode leichter gemacht. In: io new management, 5/2010.
Nordstrom, F., zitiert in: Spector, R. & McCarthy, P.D.: The Nordstrom Way: The Inside Story of America's # 1 Customer Service Company. New York: 1995.
Nyström, S., zitiert in: Hage, S.: *Solo in Salo. Manager Magazin*, 12/2010.
Olosu, R., zitiert in: Hage, S.: *Solo in Salo, Manager Magazin*, 12/2010.
Peters, T.J. & Waterman, R.H.: In Search of Excellence. New York: 1988.
Peterson, C. & Seligman, M. E. P.: Character strengths and virtues: A handbook and classification. Oxford: 2004.
Popper, K.R.: *Optimismus ist Pflicht. Spiegel*, 31/1977.
Postinet, A.: Manager-Fehler: Die Lehren aus dem Fall Nokia. Handelsblatt, 27.10.2010.
Prahalad, C. K. & Mashelkar, R. A.: *Erfinderische Inder. Harvard Business Manager Spezial*. 10/2010.
Probst, G.J.B. & Büchel, B.S.T.: Organisationales Lernen. Wiesbaden: 1994.
Remmers, B.: Strategie umsetzen. Hamburg: 2005.
Rickens, C.: *Welt ohne Netz. Manager Magazin*, 10/2010.
Riedl,R.: Biologie der Erkenntnis. Berlin: 1979.
Roth, G.: Höchstleistung. Was sagt die Gehirnforschung? Wie funktionieren Intelligenz, Kreativität und Motivation? In: Zimmerli, W.C. (Hrsg.): Spurwechsel. Hamburg: 2006.
Saint-Exupéry, A. de: Die Stadt in der Wüste. Düsseldorf: 2002.
Scharmer, C. O.: Theory U. Cambridge: 2007.
Schiessel, M.: Die Regeln der anderen. Spiegel, 51/2010.
Senge, P. M.: Die fünfte Disziplin. Stuttgart: 2008.
Simon, H.: Hidden Champions. Frankfurt: 1998.
Taleb, N. N.: Der Schwarze Schwan. München: 2008.
Taleb, N. N.: Die Narren des Zufalls. Weinheim: 2002.
Tönnemann, J.: Freunde müsst Ihr sein. Brandeins, 6/2010.
Vermeulen, F., Puranam, P. & Gulati, R.: Fitnessprogramm für *Unternehmen. Harvard Business Manager*. 8/2010.
Vester, F.: *Unsere Welt – ein vernetztes System*. München: 1983.
Welch, J.: *Winning*. London: 2005
Wiegel, M.: *Stemmen gegen den Anpassungsdruck. FAZ*, 21.10.2010.

Winkelmann, B.: *Modellbildung und Simulation dynamischer Systeme und ihre gesellschaftliche und didaktische Relevanz*. In: Landesinstitut für Schule und Weiterbildung (Hrsg.): *Neue Technologien und Zukunftsperspektiven des Lernens*. Soest: 1990.

Zeuch, A.: *Feel it*. Weinheim: 2010.